SOBRE A AUTORIDADE SECULAR

Martinho Lutero (Sobre a autoridade secular)
João Calvino (Sobre o governo civil)

SOBRE A AUTORIDADE SECULAR

organizado por HARRO HÖPFL
tradução HÉLIO DE MARCO LEITE DE BARROS
CARLOS EDUARDO SILVEIRA MATOS

wmf martinsfontes

Títulos originais: VON WELTLICHER OBERKEIT, por Martinho Lutero; INSTITUTIO CHRISTIANAE RELIGIONIS (Livro IV, cap. 20), por João Calvino. Esta obra foi traduzida da edição inglesa publicada pela Press Syndicate of the Universtity of Cambridge, Cambridge, GB, com o título ON SECULAR AUTHORITY, em 1991, na Coleção Cambridge Texts in the History of Political Thought.

1ª edição 1995
3ª edição 2025

Editores *Alexandre Carrasco e Pedro Taam*
Tradução *Hélio de Marco Leite de Barros e Carlos Eduardo Silveira Matos*
Revisão *Sandra Garcia Cortés*
Produção gráfica *Geraldo Alves*
Paginação *Renato Carbone*
Capa e projeto gráfico *Gisleine Scandiuzzi*

Dados Internacionais de Catalogação na Publicação (CIP)
(Câmara Brasileira do Livro, SP, Brasil)

Lutero, Martinho, 1483-1546.
Sobre a autoridade secular / Martinho Lutero, (sobre a autoridade secular), João Calvino (sobre o governo civil) ; organização Harro Höpfl ; tradução Hélio de Marco Leite de Barros, Carlos Eduardo Silveira Matos. – 3. ed. – São Paulo : Editora WMF Martins Fontes, 2025. – (Clássicos)

Título original: Von Weltlicher Oberkeit
ISBN 978-85-469-0745-8

1. Igreja e Estado – Igrejas luteranas – Obras anteriores a 1800 2. Igreja e Estado – Igrejas reformadas – Obras anteriores a 1800 3. Igrejas luteranas – Doutrinas – Obras anteriores a 1800 4. Igrejas reformadas – Doutrinas – Obras anteriores a 1800 I. Calvino, João, 1509-1564. II. Höpfl, Harro. III. Título. IV. Série.

25-266472 CDD-261.7

Índice para catálogo sistemático:
1. Religião e política 261.7

Cibele Maria Dias – Bibliotecária – CRB-8/9427

Editora WMF Martins Fontes Ltda.
Rua Prof. Laerte Ramos de Carvalho, 133 01325-030 São Paulo SP Brasil
Tel. (11) 3293-8150 e-mail: info@wmfmartinsfontes.com.br
http://www.wmfmartinsfontes.com.br

ÍNDICE

AGRADECIMENTOS

Richard Tuck, Quentin Skinner e Raymond Geuss me encorajaram e ajudaram a dar um certo estilo à forma e ao conteúdo deste livro, principalmente no material de introdução e nas notas de rodapé. Christine Lyall Grant teve o enorme trabalho de padronizar um texto teimoso. E meu colega Russell Price mais uma vez colocou à minha disposição sua notável capacidade de ver o que realmente está na página impressa, o que nem sempre era o que eu imaginara ter escrito. Ele também me pediu que deixasse mais claras várias passagens do texto; na maioria dos casos eu o satisfiz. A todos, meus mais sinceros agradecimentos, ainda que nem sempre tenha seguido seus conselhos. Provavelmente em meu prejuízo. Dedico este livro a H. J. H., em compensação pelo fato de que não é apenas quando estou traduzindo que não consigo encontrar as palavras certas, e a M. H. e G. W. A., porque também merecem.

HARRO HÖPFL

INTRODUÇÃO

O movimento de reforma e regeneração religiosa que se organizou e se autodefiniu a partir de 1520 – no século seguinte seria conhecido como "Reforma Protestante" – atraiu desde o começo a atenção de príncipes e magistrados, como patronos, beneficiários ou opositores. Por sua vez, os primeiros líderes e porta-vozes da reforma, em geral clérigos sujeitos à disciplina eclesiástica, da qual só podiam ficar livres por intermédio dos governantes seculares, frequentemente procuraram ganhar o apoio desses governantes para sua causa, em especial quando o papado e uma parte do clero mostravam-se adversários obstinados. Os governantes seculares envolviam-se mais ou menos oficialmente com a administração, as finanças, o quadro burocrático e até mesmo com a doutrina da Igreja desde a fase final do Império Romano. Em contrapartida, as autoridades eclesiásticas faziam as vezes de potentados seculares ou eram membros de uma "Igreja" que, em termos humanos, constituía uma estrutura organizada com seus próprios governantes, leis, tribunais e súditos, bem como com seus próprios impostos e propriedades. Tamanha era a interpenetração entre o secular e o espiritual no século XVI, que nenhuma reforma da religião poderia ser feita sem uma transformação da ordem pública nas unidades políticas da Europa cristã, e nenhuma mudança nesse sentido poderia ser institucionalizada sem a assistência dos governantes seculares.

Martinho Lutero (1483-1546) era monge agostiniano, sacerdote e lente da Universidade de Wittenberg. Como eclesiástico, e em especial após sua excomunhão pelo papado em 1521, não apenas sua liberdade para trabalhar mas sua própria sobrevivência dependiam da proteção de governantes seculares, entre os quais notabilizou-se o muito cauteloso mas firme e leal Frederico, o Sábio, Eleitor da Saxônia. A ele, Lutero prestou eloquente homenagem, embora indireta, em *Sobre a autoridade secular*. Desde o começo de sua trajetória como reformador, Lutero esteve atento aos governantes seculares para impulsionar ou consolidar suas reformas. Em 1520, dedicou um de seus panfletos *À nobreza cristã da nação germânica*. Nesse escrito, tenta persuadir o imperador e os príncipes da Alemanha a usarem sua autoridade para acabar com as trapaças e a riqueza e o poder secular fraudulentamente adquiridos pelo papado e pelo alto clero; tenta também convencê-los a convocar um Concílio da Igreja; a garantir a existência de sacerdotes casados, residentes nas paróquias onde deveriam pregar e exercer seu ministério; a reformar os currículos de Filosofia e Teologia das universidades (onde os clérigos eram formados) e a limitar drasticamente o número e o tamanho das ordens religiosas. Ao fazer tudo isso, eles não deveriam sentir-se tolhidos ou temerosos diante da violência e dos anátemas de Roma ou do monopólio de autoridade doutrinária reclamado pelo "Estado espiritual": sob esse aspecto, todo cristão é um membro do "Estado espiritual", outorgado a julgar as doutrinas por si mesmo. Numa palavra, o que ameaçava os cristãos era a "tirania" da Igreja Romana. Todo cristão deveria fazer tudo o que pudesse para derrubar tal tirania, mas as autoridades seculares estavam em posição mais vantajosa para fazê-lo eficazmente.

A estratégia reformista de Lutero de modo algum foi clara. Os reformadores originalmente pretendiam, e continuaram a pretender, a reforma de toda a cristandade. Logo, porém, perceberam que tal abrangência era impraticável no futuro próximo. A partir daí, a Reforma tomou caminhos divergentes. "Reforma Radical" é uma expressão usada habitualmente em referência àqueles que ou buscavam o controle da autoridade secular pelos membros autosselecionados (ou líderes) de igrejas constituídas exclusivamente por "Eleitos" ou recusavam tanto quanto possível o contato com a autoridade secular e formavam por iniciativa própria congregações voluntárias e restritas (embora proselitistas). Estes últimos eram maioria. O modo de ação dos "reformadores radicais" frequentemente levou-os a serem perseguidos pelas autoridades seculares. Por outro lado, os "Reformadores Magistrais" (ou "Magisteriais"), entre os quais se incluíam Lutero e Calvino, tinham como objetivo (ou se viam comprometidos com) uma reforma limitada a certos territórios submetidos à jurisdição de governos ou magistraturas seculares que não se opunham implacavelmente à "Palavra Divina". Esperava-se que todos os habitantes desses territórios, a partir do momento em que a reforma fosse oficializada por seus governantes, renegassem o "papismo" e se comprometessem com a religião evangélica; era uma condição de residência no território. Dizia-se que esses habitantes compunham a "Igreja" desse território, ou a *Land*, a *Landeskirche*. O preço a pagar pela cooperação das autoridades seculares na oficialização da reforma e na implementação das mudanças que tal decisão acarretou na ordem pública foi o reconhecimento de seu direito de nomeação do clero e dos professores (dois ofícios correlatos) e, em geral, de supervisionar todos os aspectos da vida de "suas" *Landeskirchen*. Uma reforma nesses termos, embora limitada e insatisfatória, pelo menos garantia certa aproximação à abrangência da Velha Igreja e protegia contra procedimentos perturbadores da ordem (até mesmo violentos e milenaristas) e contra o sectarismo.

A estratégia de atrair a cooperação de governantes seculares simpáticos à reforma era bastante óbvia, mas a independência eclesiástica, embora colocada em risco na prática, cedo mostrou-se como algo que não devia ser casualmente descartado. Com efeito, todos os reformadores que seguiram por esse caminho logo comprovaram o que poderiam ter previsto, a saber, que o favor dos príncipes é vacilante, não merece confiança e nunca vem incondicionalmente. O aspecto imediatamente mais grave, porém, era a hostilidade de alguns governantes à reforma. Em *Sobre a autoridade secular*, Lutero identificou alguns deles, mas deixou de nomear o mais importante, Carlos V, imperador do Sacro Império Romano, embora soubesse que o soberano era seu implacável opositor desde a Dieta de Worms, em 1521. A primeira reação de Lutero a tal hostilidade foi reivindicar completa autonomia para a Igreja, uma posição tão insustentável quanto seu convite público anterior aos príncipes para que tomassem a tarefa da reforma em suas mãos.

Lutero: Sobre a autoridade secular

Há algum tempo Lutero pensava em escrever um livro dedicado aos direitos e deveres dos governantes seculares, quando Jorge, duque da Saxônia, em 7 de novembro de 1522, publicou um edito que proibia a compra e a venda da tradução que Lutero havia feito do Novo Testamento e exigia que, no Natal, fossem entregues, mediante devolução do preço de compra, todas as cópias existentes. Esse episódio incitou o autor a agir rápida e imediatamente: no dia de Natal, ele estava pronto para escrever a Carta-prefácio de *Sobre a autoridade secular*. O livro apareceu em março de 1523.

A maioria (mas não a totalidade) dos temas e das ideias fundamentais que informam o pensamento de Lutero sobre assuntos políticos e organização do Estado é encontrada nesse trabalho. Nenhum outro escrito seu nem sequer chega perto dessa obra em especificidade, abrangência e coerência com relação a tais assuntos; daí sua publicação neste volume. Entretanto, não se deve, mais do que qualquer outro dos escritos do autor, tomá-lo como um sumário de seu pensamento político. Lutero sem dúvida trouxe para sua reflexão política as preocupações de uma teologia altamente sofisticada. Mas trouxe muito mais coisas, que podem ou não ser coerentes com essa teologia, mas certamente são independentes dela. Além disso, ele se inclinava a falar genérica e abstratamente quando, na verdade, o foco de sua atenção estava em pessoas, questões e fatos muito concretos. Em 1522-1523, Lutero esteve atento sobretudo aos governantes hostis à reforma. Mas quando sua mente se ocupou com príncipes e magistrados compassivos, ou quando pensava nas ameaças ao mundo e ao movimento renovador vindas de "fanáticos", "profetas", "hordas sanguinárias de camponeses" e outros que tais, veio à tona uma avaliação muito diferente da "autoridade secular", uma avaliação igualmente geral e abstrata na forma, mas bem mais favorável e indulgente para com os governantes. Essa atitude não está de todo ausente mesmo em *Sobre a autoridade secular*, que contém algumas das mais severas generalizações de Lutero sobre os governantes.

A presente obra mostra, então, o autor em sua máxima hostilidade contra a autoridade secular: a verdadeira religião é apresentada aqui como mais particular, mais pessoal e mais apartada da vida da comunidade civil do que em qualquer outra avaliação anterior ou posterior. Uma jurisdição mais limitada é prescrita aos governantes, e a verdadeira Igreja é retratada como mais independente de sua autoridade. De modo contrário, nesse texto encontramos Lutero oferecendo uma justificativa da tolerância religiosa, que não combina nem com sua atitude posterior de repressão à heresia e à blasfêmia nem com boa parte dos temas de sua teologia. Finalmente, essa obra não contém nenhuma sugestão da ideia de que medidas públicas e políticas poderiam ser tomadas contra um governante descrente.

Assim, em *Sobre a autoridade secular*, Lutero concebe a Igreja como uma congregação livre (o termo alemão *Gemeinde* significa também comuna, comunidade, paróquia), na qual cada cristão é "Rei, Sacerdote e Profeta". Isso não teve o objetivo de negar a necessidade prática de um ofício sacerdotal diferenciado; na verdade, Lutero nem mesmo se opunha a um episcopado reformado. Para ele, antes, tratava-se de reivindicar a liberdade e a igualdade fundamentais de todos os cristãos, e a submissão a estas de todas as hierarquias e de todos os superiores seculares. Daí as várias manifestações de uma tendência sua em atribuir às congregações um peso muito maior na nomeação e na supervisão dos ministros, uma tendência em sintonia com a ideia (também estimulada pela "Reforma Radical") da Igreja como congregação livre e voluntária, que admite outras "autoridades" além das Escrituras, mas apenas na medida em que sejam não mais do que agentes indicados pela própria congregação. Esse tema em seu pensamento revelou-se evanescente; na maioria das vezes Lutero admite a nomeação e o pagamento dos pastores e professores por magistrados e príncipes, o que, de fato, já era prática comum.

Uma tal concepção da igualdade e da liberdade cristãs (esta última era uma divisa evangélica e o título da mais famosa obra do autor) era nitidamente incompatível com o uso de coerção, tribunais de justiça, penalidades e punições civis usuais como instrumentos de ordem eclesiástica; daí a insistência de Lutero na necessidade de se manterem distintos os "governos" secular e espiritual, apesar da óbvia impossibilidade prática de algo do gênero. Pelo mesmo raciocínio, parece que a Igreja não pode ser senão uma associação voluntária e, na verdade, particular. Lutero aceitou essa última implicação em *Sobre a autoridade secular*, embora aparentemente sem perceber que ela acarretava a negação da ideia de que a condição de membro da Igreja deveria ser coextensiva à de membro do governo civil. Lutero simplesmente dá por certa essa ideia, pois seu objetivo foi sempre reformar a Igreja existente, e não fundar uma nova.

Nessa época, Lutero ainda não tinha se dado conta inteiramente das ameaças à reforma ortodoxa e (como percebeu mais tarde) à paz do mundo inteiro pelas igrejas sectárias "congregadas", compostas exclusivamente por Eleitos. Era para ele muito difícil resistir à atração da ideia de uma Igreja verdadeira, tão intimamente análoga às assembleias ("igrejas") de fiéis cristãos do Novo Testamento, perseguidas ou, na melhor das hipóteses, toleradas. Por outro lado, Lutero nunca revelou por que a submissão civil e a condição de membro de uma determinada Igreja deveriam coincidir.

Assim, *Sobre a autoridade secular* reúne os argumentos que podem ser usados para advogar a tolerância religiosa e até mesmo a reorganização das igrejas como associações particulares, e o faz de forma tão convincente que Sébastien Châteillon (Castellio)[1] não precisou mais do que reproduzir essa parte do livro para sua própria alegação da tolerância. Fique claro que Lutero não adotou essa posição apenas como expediente político. Ao contrário, os temas igualitários, libertários e comunitários eram parte da tessitura de sua teologia.

---

[1] Sébastien Châteillon, Castalio ou Castellion (Castellio), 1515-1563, foi um humanista evangélico que, depois de convertido, trocou a França por Estrasburgo em 1540. No ano seguinte, Calvino colocou-o à frente da recém-fundada Academia de Genebra. Divergências teológicas em relação a Calvino obrigaram-no a deixar Genebra e se fixar em Basileia, em 1544, onde permaneceria até sua morte. É autor, entre outras obras, de uma tradução da Bíblia para o latim e o francês. Após a execução do famoso herege Servetus em 1550, Châteillon, sob o pseudônimo de Martinus Bellius, escreveu *Se os hereges devem ser perseguidos*, publicado em 1554. V, p. XXXVIII.

O que mantém unido o pensamento político de Lutero não são doutrinas ou atitudes imutáveis, mas a contínua tentativa de estabelecer harmonia entre seus pontos de vista sobre organização política e, tanto lógica quanto cronologicamente, sua teologia do cristão e da relação deste com Deus. Nessa tarefa, o autor emprega um vocabulário, e os pressupostos a ele inerentes, extremamente secundário e convencional. Não há nada nos escritos políticos de Lutero que lembre seu talento para criar o conceito apropriado ou a inflexível independência e meticulosidade tão características de sua teologia. E o fato de ele ter-se limitado a lançar mão de um vocabulário já existente, sem antes esquadrinhar seus conteúdos, levou-o a uma certa confusão, como ocorreu com Maquiavel, seu contemporâneo.

Comecemos com o título do livro: *Von Weltlicher Oberkeit*. *Weltlich* é um termo altamente problemático, e não apenas para os tradutores. Trata-se do adjetivo de *Welt*, "mundo", e significa "secular", "temporal", "mundano", "terreno". A palavra teve um uso bem definido ao distinguir entre as autoridades seculares ou temporais das comunidades cristãs e as autoridades espirituais e eclesiásticas, e, nesse sentido, o termo é neutro e meramente designativo. Aqui, é esse o principal significado do vocabulário: o assunto de Lutero era a autoridade secular e os governantes seculares, e não papas, prelados e sacerdotes.

Mas a questão não é tão simples assim. O significado das palavras deriva, por um lado, dos termos aos quais se contrapõem e, por outro, daqueles aos quais habitualmente se associam. Os antônimos comuns de *weltlich* são termos com conotação altamente positiva: "divino", "celestial", "eterno", "espiritual". "Mundo", ao contrário, estava usualmente ligado a "diabo" e a "carne", a começar pelas obras de Santo Agostinho, o teólogo patrístico favorito de Lutero e dos outros reformadores. Assim, embora *weltlich* tenha um sentido neutro e apenas designativo ("secular" em oposição a "eclesiástico"), a palavra carrega consigo as conotações pejorativas do "mundano", "terreno" (a mesma palavra em alemão para "secular"). Os termos "secular" e "temporal" não captam tudo isso; ambos podem servir igualmente bem ou mal para traduzir *weltlich*.

Lutero usa essa terminologia em *Sobre a autoridade secular* para distinguir as áreas de jurisdição e competência das autoridades "seculares" e "espirituais". A distinção é crucial para o *non sequitur* implícito de seu raciocínio, segundo o qual, por serem "seculares", os governantes deveriam cuidar apenas de assuntos seculares. No próprio entendimento de Lutero, porém, a religião não é uma esfera de vida, uma classe de assuntos, coisas ou questões, mas antes um aspecto de toda esfera de vida, de todos os assuntos, coisas ou questões. Apesar disso, na Parte II de *Sobre a autoridade secular*, ele procura salvaguardar a religião das indesejáveis atenções dos príncipes descrentes, esforçando-se em separar os assuntos espirituais dos assuntos seculares e confinando-os em seus respectivos departamentos. É claro que Lutero não define exatamente o que seja um assunto *erltlich* – nem o fariam seus sucessores até o século seguinte. Ele dá a entender, de passagem, que os assuntos seculares referem-se ao corpo, à honra e à propriedade. Assim sendo, uma vez que as Escrituras, seu foco de atenção seguinte, eram propriedade no mais acabado sentido do termo (com efeito, ao confiscá-las, os governantes devolveram escrupulosamente o que tinha sido pago por elas, respeitando desse modo seu caráter de propriedade), Lutero encontrava-se diante de uma dificuldade: parece que nem todos os itens do gênero propriedade são da mesma espécie. O mesmo pode ser dito da paz secular, da tranquilidade, da justiça, e assim por diante.

De maneira bastante tradicionalista, Lutero considera dever dos governantes seculares manter a paz, assegurar a obediência às leis, proteger os que as respeitam e punir seus transgressores. Mas também aqui sua linguagem gera ambiguidade. O termo empregado pelo autor para designar os que respeitam as leis é *die Frommen*, que em sua terminologia significa "os que cumprem seus deveres para com Deus e os homens" e, portanto, "os justos e moralmente retos" (cf. Glossário: Justo). Mas o termo não contém a distinção que Lutero cuida de fazer em outros textos (por exemplo: *Sobre as boas obras*, de 1520) entre justiça *exterior*, mera conformidade a regras, e justiça *interior* ou *verdadeira*, que é uma qualidade da intenção. De modo análogo, o termo para os transgressores das leis é simplesmente *die Bösen* ("os maus") ou *Übeltäter* ("malfeitores"). Assim, o que Lutero de fato afirma é que o dever dos governantes é proteger os bons e coagir, inibir e punir os maus.

Do mesmo modo, ele deixa vaga a distinção entre lei civil e lei moral. Em vários pontos afirma, de passagem, que os verdadeiros cristãos naturalmente obedecem "à lei". Isso só faz sentido se se pressupõe que *das Recht* (isto é, a lei positiva, a lei da terra; cf. Glossário: Lei) de fato ordena o que é moral e espiritualmente correto (*recht*). Ele então sustenta que os cristãos, consequentemente, não precisam nem das leis (o que deve significar leis positivas) nem de qualquer coisa que acompanhe a execução de leis. Além disso, infere a partir daí que os cristãos não constituem nenhuma ameaça aos governantes, mas antes um ponto de apoio. Seja como for, o componente fundamental de um governo civil não é de modo algum a lei secular, e sim os governantes. Com efeito, em vários passos de *Sobre a autoridade secular*, Lutero desvia-se de seu caminho para emitir a opinião, característica dos primeiros partidários modernos da monarquia absoluta, de que um príncipe sábio deve ter liberdade de ação para passar por cima da lei, deve na verdade mantê-la firmemente em suas mãos, assim como o cabeça de uma família mantém sob seu arbítrio as regras necessárias para a disposição da vida doméstica. O que importa são os governantes e o governar; é isso que constitui um Estado como sociedade organizada.

A principal ideia organizadora do pensamento político de Lutero é a de *Oberkeit* (cf. Glossário: Autoridade). As pessoas que falavam alemão na época de Lutero automaticamente recorreriam a esse termo, hoje obsoleto, para traduzir as palavras latinas *potestas* (que Lonitzer – v. p. XXXVIII – usou no título de sua tradução) e *auctoritas*. É por essa razão que se escolheu a expressão "Sobre a autoridade secular" para título da obra, a exemplo do precedente estabelecido por outros tradutores. Mas sinonímia de *auctoritas* e *potestas* com *Oberkeit* está longe de ser perfeita. Em vários pontos do texto foi necessário empregar "superiores", "aqueles em posição de (ou com) autoridade (ou poder)" ou até mesmo a infeliz palavra "superioridade". Isso porque, ao contrário de "autoridade", o termo alemão empregado por Lutero jamais deixa de referir as *pessoas* investidas de autoridade, os "superiores" (*die Oberen*, também obsoleto). E essas conotações são inerentes ao caráter do pensamento de Lutero, pois ele tende a personalizar a autoridade política.

Assim, Lutero concebe toda comunidade organizada como uma relação entre superiores e inferiores, governantes e súditos, pessoas públicas e privadas. À diferença de Calvino, ele não qualifica essas relações de acordo com quaisquer noções cívicas humanistas de pessoas privadas como cidadãos (para Lutero, elas são "súditos"), ou de governantes como, genericamente, "magistrados". Os governantes são "superiores príncipes" (*Fürsten*), "senhores e mestres" (*Herren*). A ênfase implícita na própria terminologia empregada pelo autor está toda no direito de comandar, no dever de obedecer, no domínio sobre os recursos que assegurem a submissão às ordens. A conclusão desse círculo estaria no considerar a própria lei como uma espécie de comando, mas não está claro que Lutero tenha dado esse passo. E, como não igualou as leis do Sacro Império Romano à vontade de seus sagrados imperadores romanos, o autor pôde, em 1530, afirmar que os devotos príncipes vassalos do imperador tinham o direito legal de resistir ao imperador, quando este fosse além de sua autoridade constitucional. Calvino e seus seguidores fariam exatamente o mesmo com os reis (ou regentes) franceses e com as *anciennes loix* da França, conforme uma linha de argumentação já implícita na *Instituição da religião cristã* (v. p. XXVIII). Mas em *Sobre a autoridade secular* Lutero em momento algum chega perto disso; a ética rigorosamente apolítica ou antipolítica da Cristandade do Novo Testamento não pode conceber nenhuma relação do cristão com o Estado que não seja a quietude, de um "estar-em-mas-não-pertencer-ao" Estado, a obediência aos governantes naquilo que é de César ou a oração e o sofrimento ("resistência passiva"). Esse é o modo de conduta em relação aos tiranos constantemente prescrito às pessoas privadas tanto por Lutero como por Calvino.

No que se refere a Lutero, a autoridade secular (em outras palavras, os governantes e seus poderes) está posta no mundo para evitar o caos, em virtude da esmagadora preponderância, neste, dos descrentes e dos não cristãos. Isso não pode ser feito só pelas leis ou pela legislação; o cerne da questão não está em fazer novas leis, mas em fazer cumprir as existentes. O termo crucial aqui é *Gewalt*, que, segundo o *Deutsches Wörterbuch* de Grimm, significa, parcial ou totalmente, poder, força, vigor, eficácia... império, regra, domínio, senhorio, controle, jurisdição, governo, proteção... *potestas*, *facultas*, *imperium*, *dictio*, *arbitrium*, *ius*... *potentia*, *vis*, *violentia*, *iniuria*, *indignitas*. Mas seu sentido principal é força, poder ou vigor. Em muitas passagens de *Sobre a autoridade secular*, Lutero usa o termo alternadamente com *Oberkeit*; ele poderia até mesmo tê-lo empregado no título da obra. Mas o que *potestas* esconderia, e *Oberkeit* em parte o faz, é que *Gewalt* pode significar – e no texto frequentemente significa – mera coerção, força ou violência. Pois o que é decisivo, em vista do molde agostiniano do pensamento de Lutero, não é que o poder deva ser exercido legitimamente e por ocupantes de funções públicas devidamente autorizados (*potestates*), mas que se deva usar a força (*Gewalt*) para evitar que os descrentes se dilacerem entre si, mesmo que aqueles que empreguem tal força não sejam melhores do que aqueles contra os quais ela é empregada. A vontade e os objetivos de Deus estão presentes, ajam os governantes por motivos benevolentes ou pecaminosos. "As rãs necessitam das cegonhas, ainda que estas as devorem." Também não traz nenhuma consequência a distinção (para a qual Lutero, sem dúvida, estava perfeitamente atento) entre um cargo público e seu ocupante: é suficiente para os cristãos saber que o próprio poder é ordenado por Deus e, desde que os governantes não usem seu poder para "lançar almas no inferno", qualquer pessoa serve como governante. Calvino tinha praticamente a mesma opinião. Assim, na primeira tradução feita por Lutero, em 1522, da crucial passagem da Epístola aos Romanos (13, 1-3) – boa parte do pensamento político protestante pode ser lida como um comentário a esse texto, e de fato se apresenta como tal – encontramos: "Deixem-se todos submeter à *Oberkeit* e ao poder (*Gewalt*), pois não existe poder (*Gewalt*) que não provenha de Deus. Mas o poder (*Gewalt*) que está em todo o lugar [o que parece significar: qualquer *Gewalt* deve ser encontrado em qualquer parte]..." Na versão de 1544, porém, pode-se ler: "Deixe-se cada pessoa sujeitar-se à *Oberkeit*, que tem poder (*Gewalt*) sobre ela. Pois não há *Oberkeit* a não ser a de Deus. Mas onde quer que exista *Oberkeit*..."[2] A versão que Lutero oferece em *Sobre a autoridade secular* é quase idêntica ao texto de 1522. Assim, aparentemente existia uma diferença entre *Gewalt* e *Oberkeit* para Lutero; embora ele pudesse usá-los alternadamente, o último possui mais uma conotação de legitimidade, e o primeiro, de força. Em 1523, a distinção era-lhe indiferente; o que lhe importava era enfatizar as noções de força e coerção.

É nesse contexto que se deve inserir o significado da expressão "a espada". Para Lutero, trata-se do símbolo, do emblema e da substância da autoridade secular. Isso é bastante convencional. E sem dúvida existe uma tradição cristã de engalanar certos textos bíblicos que mencionam a "espada". A maior parte desses textos tem destaque no texto de Lutero; alguns se fazem notar pela ausência, tanto em Lutero quanto em Calvino; por exemplo: Mateus 26,52; Lucas 22,38; e Isaías 2,4 (um dos favoritos da "Reforma Radical" em sua fase quietista). Mas, ainda que usadas convencionalmente, as metáforas nunca são inocentes, e não há dúvida de que Lutero refere-se à "espada" em seu sentido literal; para ele, quem sintetiza a regra não é o juiz, mas o carrasco.

---

[2] Na tradução de João Ferreira de Almeida (*A Bíblia Sagrada – Antigo e Novo Testamento*, Rio de Janeiro, Imprensa Bíblica Brasileira, 1954), o texto dos quatro primeiros versículos de Romanos 13 é assim:

Submissão à autoridade

"1 Toda a alma esteja sujeita às potestades superiores; porque não há potestade que não venha de Deus; e as potestades que há foram ordenadas por Deus.
"2 Por isso quem resiste à potestade resiste à ordenação de Deus; e os que resistem trarão sobre si mesmos a condenação.
"3 Porque os magistrados não são terror para as boas obras, mas para as más. Queres tu, pois, não temer a potestade? Faze o bem, e terás louvor dela.
"4 Porque ela é ministro de Deus para o teu bem. Mas, se fizeres o mal, teme, pois não traz debalde a espada; porque é ministro de Deus, e vingador para castigar o que faz o mal."

A tradução das citações bíblicas de Lutero e Calvino apoia-se nesta tradução e também no texto da *Bíblia de Jerusalém*, São Paulo, Edições Paulinas, 1981. (N. do E.)

Calvino: Instituição da religião cristã

João Calvino (1509-1564) formara-se em Direito e já era autor de um comentário da obra de Sêneca, *Sobre a clemência*, quando foi obrigado a fugir de sua França natal e a mudar-se para a cidade suíça de Basileia, em 1534, por causa de suas convicções evangélicas. Em 1536, publicou a primeira edição, em latim, da obra *Instituição da religião cristã*, de sua autoria. O livro teve sucesso imediato. O próprio Lutero saudou-o, e fica bem claro, a partir da própria obra, que a conversão de Calvino se fez sob os auspícios do líder protestante alemão. Mas não há nenhuma prova inequívoca de que Calvino tenha lido *Sobre a autoridade secular* (v. p. XXXVIII). A parte do livro que se encontra aqui traduzida surgiu na edição de 1536 como conclusão do capítulo final intitulado "Sobre a liberdade cristã, a autoridade (*potestas*) eclesiástica e o governo civil (*administratio*)".

A ligação entre esses três temas e a escolha de "governo civil" para a peroração do livro são bem um sinal dos tempos. É o que ocorre também com a "Epístola dedicatória", endereçada a Francisco I, então rei da França, mas mantida nas edições posteriores à morte do soberano. Nessa carta, Calvino assegura ao destinatário (e, por meio dele, a todos os governantes) a ortodoxia, a fidelidade e a obediência política de seus súditos protestantes. O resto do livro evita escrupulosamente qualquer coisa relacionada com a organização política, até o último capítulo. Nele, o ponto principal que Calvino se preocupa em transmitir com base nos sólidos alicerces da doutrina evangélica da liberdade cristã é o de que esta é inteiramente compatível com a mais perfeita submissão à autoridade temporal. A obediência é também o tema dominante na última seção do livro, "Sobre o governo civil". Embora o último parágrafo da seção, e portanto de todo o livro, exorte os cristãos a "obedecer a Deus antes que aos homens", o resto do texto se esforça em ressaltar o dever cristão de obediência aos governantes, pouco importando sua conduta e sua religião ou a qualidade de seus títulos. Se a desobediência a ordens ímpias se tornar inevitável, deverá assumir a forma de oração, súplica, sofrimento ou exílio, mas não a de rebelião.

Calvino foi um reformador de segunda geração. Ele iniciou seu trabalho somente quando a religião reformada já estava se dividindo em seitas, às vezes asperamente hostis entre si. Durante sua carreira, os católicos romanos começaram a pôr a casa em ordem e o Concílio de Trento conclui suas deliberações em 1536. As ações militares dos protestantes alemães estavam em maré baixa na década de 1540, e na França os reais tornaram-se tão hostis à "nova religião" quanto o imperador Carlos V. Para complicar ainda mais as coisas, os católicos deliciavam-se atribuindo aos Reformadores Magistrais a pecha de anabatismo; e os sectários continuaram a tolher cada passo dos reformadores ortodoxos. Pouco depois de Calvino compor sua primeira *Instituição*, uma cristandade horrorizada testemunhou o surgimento e o apocalipse de um projeto anabatista milenarista em Münster (1533-1535), uma insurreição só esmagada, com selvageria exemplar, pela união de forças de príncipes católicos e protestantes. Revoltas camponesas, guerras religiosas e sublevações civis foram, todas elas, atribuídas pelos papistas ao "Quinto Evangelho", que se teria originado da insubmissão e do orgulho satânicos de Lutero (embora eufemizados na doutrina da Liberdade Cristã) e que agora estava dando seus frutos de acordo com a natureza da árvore.

Era difícil rechaçar tais ataques. Nessa época, os luteranos alemães (com o assentimento algo relutante do próprio Lutero) haviam desenvolvido uma justificação para resistir, tanto política quanto militarmente, a seu chefe supremo, o imperador. Do mesmo modo, os Reformadores haviam-se tornado ansiosos para restaurar algum elemento de independência clerical. Mas agora a religião reformada era, mais do que nunca, agudamente dependente da proteção dos governantes, externamente contra os católicos romanos e internamente contra os sectários.

Nessas circunstâncias, tornava-se uma necessidade imperiosa insistir no dever de obediência política, mas igualmente era preciso que fosse bem especificada qualquer declaração desse dever. A estratégia original de Calvino (como se torna claro em uma leitura de seu texto que ponha entre parênteses os acréscimos posteriores a 1536) era muito parecida com a de Lutero em 1523. Por um lado, ele inculcou uma doutrina ainda mais extremada de obediência e passividade políticas; por outro, tentou salvaguardar a verdadeira religião recorrendo à distinção luterana entre as jurisdições dos governos secular e espiritual. Aos governantes seculares, Calvino atribuiu a tarefa de cuidar da probidade "meramente externa", enquanto a devoção e a religiosidade verdadeiras ficariam a cargo de Deus e de uma não especificada "Igreja". Acrescente-se a isso que o debate sobre a Igreja, travado em 1536, limitou-se quase exclusivamente a um ataque, previsível e convencional, à "tirania" dos papistas, em vez de trazer à tona o espinhoso e polêmico tema da ordem pública segundo uma Igreja reformada.

Em uma passagem, Calvino foi mais longe e cautelosamente apresentou a doutrina concebida pelos luteranos para justificar a guerra contra o imperador: se uma ordem civil de leis e instituições (uma *politia/police*) garantir a atuação dos "magistrados do povo", estes podem resistir coletivamente aos "tiranos". Os luteranos tinham dito "magistrados inferiores". Calvino arriscou a ideia de que os modernos Estados Gerais, *Reichstage* ou Parlamentos poderiam ser instituições desse tipo, correspondentes aos éforos de Esparta e aos tribunos do povo de Roma. Nesse passo ele estava se baseando na distinção entre pessoas *públicas*, para as quais a ação política era legítima e, de fato, um dever, e pessoas *privadas*, em relação às quais a doutrina da "obediência passiva" (um significativo eufemismo do século XVI, que claramente significava *des*obediência passiva) continuava a ser aplicada com incessante rigor. Os "magistrados do povo" são pessoas *públicas*. Em sua obra posterior, Calvino não acrescentou nada mais à doutrina da resistência; os desenvolvimentos significativos que ela recebeu em círculos calvinistas foram obra de seus seguidores na França, na Holanda e em outros lugares. No entanto, a interpretação do conceito de "tirania" e do que eram de fato as instituições políticas (*police*) na França, por exemplo, ficou demasiado ampla. A crescente antipatia de Calvino pela monarquia também deixou sua marca na *Instituição*.

A despeito de adotar as convencionais distinções luteranas entre liberdade cristã e obediência civil, justiça verdadeira e justiça exterior, governo espiritual e governo civil, Calvino desde muito cedo atribuiu aos magistrados o policiamento da "idolatria", do "sacrilégio", da "blasfêmia" e de outras afrontas públicas à religião (em outras palavras, o papismo e o anabatismo). Tal era também, nessa época, a doutrina de Lutero. Do mesmo modo, Calvino foi cuidadoso ao distinguir entre imposições tirânicas, papistas, e leis justas e aceitáveis, necessárias à boa ordem da Igreja tanto quanto a qualquer outra associação humana, cuja execução deveria ficar a cargo dos governantes.

As mudanças no pensamento de Calvino manifestaram-se inicialmente na segunda edição da *Instituição* (1539), na primeira tradução francesa (1541) e na mais importante, para nossos propósitos, de todas as revisões: a edição latina de 1543. Antes disso, em companhia de outros, Calvino tinha reformado e reorganizado a Igreja em Genebra, até sua expulsão em 1538. Em Estrasburgo, tivera sua primeira experiência direta de magistrados simpatizantes da reforma do que é uma Igreja bem organizada numa cidade livre das relações diplomáticas, eclesiásticas e civis das comunidades reformadas entre si e com os católicos. No final de 1541, ele foi reintegrado no cargo de pastor principal de Genebra e pôde concretizar as principais linhas de uma Igreja reformada, com a cooperação indispensável, embora às vezes relutante, da magistratura local. Calvino passaria em Genebra o resto de sua vida, participando da atividade eclesiástica e civil e consolidando suas reformas, em especial a referente à autoridade da "Venerável Corporação de Pastores", um colegiado de clérigos encarregado de governar a cidade em seus aspectos espirituais e eclesiásticos. Na interpretação de Calvino quanto às lições a serem aprendidas, tudo isso deixou sua marca na *Instituição* e em seus volumosos comentários das Escrituras. É preciso ter em mente que, quando escreveu a primeira versão da *Instituição*, o autor não tinha nenhuma experiência na administração dos assuntos de uma igreja; à diferença da primeira geração de Reformadores, ele nem sequer tinha sido sacerdote na Velha Igreja. Algumas das mais importantes inovações aparecem como alterações ao texto da primeira edição; outras não se encontram nas passagens aqui traduzidas e por isso são brevemente resumidas a seguir.

Assim, a partir da *Instituição* de 1541, a Igreja "invisível", composta exclusivamente pelos Eleitos, desaparece quase por completo.

Todo o interesse de Calvino passa a centralizar-se na Igreja "visível", sua organização, sua autoridade e suas atividades. O último capítulo da primeira edição foi dividido em três capítulos distintos e ampliado com uma discussão sobre aspectos concretos de organização das Igrejas "visíveis". O capítulo "político" (resultante das mudanças efetuadas na seção original "Sobre a *administratio* política") deixou de ser o fecho da obra. Mas na última edição do livro, a única cuja estrutura foi considerada satisfatória pelo autor, voltou ao final. Também nessa última edição a seção eclesiológica voltou a ser parte do mesmo "livro", o IV ("Sobre os meios exteriores de salvação", capítulos 1 a 12). Mas a eclesiologia de Calvino agora incluía um balanço abrangente do que ele julgava ser a organização bem ordenada de uma verdadeira Igreja visível, de acordo com as Escrituras; incluía também uma polêmica antipapista muito ampla, atividade à qual sempre se dedicou.

De 1543 em diante, a Igreja reformada passou de novo a ser vista como devendo ser "governada" por um "clero" (Calvino não hesitou em usar tais termos) detentor de um certo grau de independência e autoridade. Todos os outros Reformadores Magistrais, por volta de 1530, reconheceram que haviam concedido às autoridades seculares muito mais do que jamais pretenderam. Era então crença generalizada que o recrutamento do pessoal eclesiástico e a supervisão da doutrina, da devoção e dos costumes dos membros das congregações deveriam ficar a cargo, pelo menos em certa medida, de um ministério reformado, em vez de simplesmente constarem entre aquelas coisas cuidadas – ou negligenciadas – pelos governantes seculares.

Qualquer tentativa de elevar a posição, a independência e o poder do clero devia, é claro, encontrar resistências da parte de governantes e de congregações ostensivamente evangélicos, todos com uma longa tradição de anticlericalismo. Uma clara distinção, portanto, precisava ser feita entre a "tirania" dos papas e prelados católicos e a legítima autoridade de um corpo devoto de pastores reformados. Seja como for, evitar qualquer retorno à deturpação do Evangelho foi uma preocupação genuína de Calvino. Ele aparentemente via na fuga a qualquer aparência de monarquia o principal antídoto contra a tirania eclesiástica. A alternativa estava na criação de um ministério colegiado e corporativo que não permitisse nada mais monárquico do que um *primus inter pares*. Falando na linguagem da teoria política, a melhor forma de organização para uma Igreja (e o que é mais importante, teria acrescentado Calvino, a forma ordenada pelas Escrituras) é a aristocracia ou um governo misto que reunisse componentes aristocráticos e democráticos. Quanto mais devota uma congregação, tanto maior razão para um componente democrático (ou, em termos eclesiásticos, congregacional); de qualquer modo, não havia justificativa para privar as congregações de todos os vestígios de autoridade na supervisão do clero. Pois, assim como cada membro individual da aristocracia deve policiar os outros, o conjunto dos aristocratas precisa ser policiado; igualmente, o conjunto dos súditos deve ser policiado pela coletividade dos governantes.

Tal raciocínio, é claro, aplicava-se também à organização política da comunidade. Com efeito, um notável aspecto da eclesiologia de Calvino é o extenso uso que ele faz da terminologia política. O conjunto de sua doutrina do governo misto (aristocrático e democrático) era deduzível, e de fato derivava, do pensamento político clássico e medieval. Mas seria inteiramente ocioso para Calvino especificar a melhor (na verdade, a única conforme as Escrituras e, portanto, em última análise, a única tolerável) organização para a Igreja, se ele, ao mesmo tempo, não refletisse sobre como um governo civil poderia ser organizado de modo que possibilitasse a instituição e o funcionamento de tal organização eclesiástica. Mas certas dificuldades impediram Calvino de formular sem rodeios um raciocínio conclusivo sobre a melhor estrutura de governo.

Calvino fez como Lutero, que se inclinou pela interpretação providencialista de que o capítulo 13 da Epístola aos Romanos se referia a quem quer que estivesse investido de poder, e de que os cristãos não tinham por que exercer sua curiosidade investigando os títulos dos detentores de autoridade. Na edição de 1536 da *Instituição*, Calvino chegou mesmo a negar a legitimidade de as pessoas comuns discutirem entre si qual seria a melhor forma de governo: o decreto de Deus estabelece diferentes formas em diferentes lugares. Mas nas edições subsequentes o próprio autor introduziu (na seção 8) uma defesa explícita, embora circunspecta, da forma aristocrática ou mista de governo. Desse modo, a melhor forma de governo civil seria rigorosamente paralela à forma de governo eclesiástico ordenada por Deus. Sua hostilidade à monarquia também tornou-se cada vez mais patente, ainda que isso não se encontre no capítulo político da *Instituição*, mas nos capítulos referentes à eclesiologia e em seus comentários das Escrituras. (No entanto, uma seção da primeira edição que argumentava a favor da tese de uma predileção divina pela monarquia foi mantida nas edições posteriores; não era do feitio de Calvino renegar qualquer coisa que tivesse escrito.) Ele também deixou claro que não se opunha à especulação política como tal, mas às discussões sediciosas por parte das pessoas particulares.

Mais do que isso, Calvino virtualmente abandonou as tentativas de definir uma área de questões seculares, que estaria sob a jurisdição dos governantes seculares, colocando em seu lugar a distinção bem mais defensável entre os meios que deveriam ser empregados, de um lado pelos governantes seculares, de outro pelos governantes espirituais. Na seção 9, insiste em que a competência dos magistrados estende-se às duas tábuas do Decálogo; em outras palavras, à observância das relações do homem com Deus, bem como à das relações dos homens entre si: sustentar a honra de Deus é seu principal dever.

Tudo isso pressupunha: a) uma Igreja vigorosa e independente e um colegiado de clérigos vigoroso agindo em seu nome; e b) magistrados devotos. A dificuldade de Calvino estava em sua necessidade de ter a seu lado uma magistratura devota, para auxiliar o emprego das armas "espirituais", pelo clero, sobre as congregações recalcitrantes. Embora a devoção o impedisse de admiti-lo, Calvino nem sequer por um momento supôs que apenas as armas espirituais fossem suficientes; para erigir a Igreja no mundo, era indispensável o reforço mais concreto das punições e ameaças terrenas. Mas uma magistratura aparelhada com tais poderes e legitimidade ficaria em condições de interferir na Igreja. Impunha-se, portanto, criar uma autoridade secular limitada em sua capacidade de fazer o mal, mas de modo algum inibida para realizar o trabalho de Deus, com órgãos para agir como fiadores e salvaguardas de seu bom comportamento. Criar uma tal autoridade é irrealizável, pois isso exigiria um completo saneamento do poder. Não obstante, na medida em que algo podia ser feito nesse sentido, Calvino conseguiu fazê-lo.

Pode-se apresentar um breve sumário da teologia política de Calvino, algo impossível com relação a Lutero. Só existe no universo um *imperium*, *maiestas*, *puissance*, que se impõe com autoridade absoluta e incondicional: Deus. Toda autoridade legítima no mundo deriva direta ou indiretamente de Deus. À diferença de seus seguidores e dos teólogos e filósofos jesuítas muito mais sofisticados intelectualmente, que se opunham a eles e ao Direito Divino, Calvino não se interessou pela forma precisa por intermédio da qual essa autoridade derivada seria obtida. Ele se refere a ela como sendo "delegada", como "legação" (a autoridade de um legado), como sendo exercida por vice-gerentes, representantes (*vicarii*, *vices*) ou lugar-tenentes. Quando menciona a autoridade eclesiástica, emprega também as palavras "enviados" ou "embaixadores". Em todos os casos, porém, sua linguagem remete à metáfora da relação entre um imperador e seus subordinados, e o objetivo da metáfora é, sem dúvida, salientar a extrema condicionalidade da autoridade dos últimos em relação ao primeiro. Para denotar a função tanto dos governantes civis quanto dos eclesiásticos, Calvino usa os termos *ministerioum*, *administratio*, *officium*, *functio* e *munus*, os quais, diga-se, ecoam quase exatamente as palavras *Dienst* e *Amt* usadas por Lutero. Esses termos são altamente conformes ao espírito de Calvino, pois o dever é a tônica de sua ética. Toda autoridade no mundo consiste em administrar, fazer o trabalho de outrem, seguindo instruções. Os termos preferidos de Calvino são *ministerium* e *administratio*; a própria escolha dessas palavras enfatiza que toda autoridade neste mundo é condicional, limitada e derivada. Por outro lado, às vezes ele usa o termo *dominatio* no lugar de *imperium*, quando seu objetivo é salientar a ilegítima extensão de autoridade reclamada pelos príncipes e papas; *dominatio*, nesse caso, é permutável por "tirania". A função de tal terminologia, sem dúvida, não é absolutamente minimizar a importância da autoridade legítima. Ao contrário, não se pode imaginar nenhuma autoridade mais "majestosa" que a derivada de Deus. Ou melhor, o que se quer dizer é que a autoridade se investe da própria majestade e dignidade de Deus, desde que se autolimite a sua adequada missão. No momento em que os magistrados vão além dos limites de sua autoridade, porém, tornam-se semelhantes aos ladrões, usurpadores e violadores – pelo menos no que se refere a essas determinadas ações, e talvez na totalidade.

Para designar um governo bem ordenado, Calvino emprega a expressão "governo cristão", o que, para Lutero, seria por certo uma contradição em termos. Uma vez que um governo cristão se caracteriza por uma dupla direção, um duplo ministério de magistrados e pastores, ambos com autoridade derivada de Deus e ambos encarregados de comandar o mesmo conjunto de pessoas, a única relação possível entre eles é a de cooperação e restrição recíprocas, idealmente complementadas por alguma forma de restrição imposta aos dois pela comunidade dos fiéis cidadãos. A meta final dessa cooperação é a construção (*aedificatio*, um termo do apóstolo Paulo) do reino de Deus no mundo.

"Restrição" é, em certa medida, a noção mais adequada para caracterizar a teologia e eclesiologia políticas de Calvino. A humanidade "caída" é inerentemente propensa à maldade, para a qual Calvino tem um amplo espectro de termos que o inglês moderno não consegue traduzir; as paixões de cada homem são concebidas por ele como semelhantes a um caldeirão fervente ou a um fogo fumegante. Onde não há uma restrição externa (o que é patente no caso dos reis), o fogo "irrompe" e "se alastra enfurecido" (para usar termos preferidos por Lutero e Calvino para a conduta dos perversos e tiranos). A imposição de um "freio" ou de uma "trava" é portanto indispensável. Mas restringir não é suficiente, pois há o trabalho divino a ser feito, e o povo precisa ser *dirigido* nesse sentido. Por isso, enquanto a metáfora de Lutero para o governo é a "espada", para Calvino é a escola ou o "freio"; a natureza dupla do governo impõe conjuntamente "disciplina", direção e restrição.

NOTA SOBRE AS TRADUÇÕES INGLESAS

Textos usados para estas traduções

Para *Von Weltlicher Oberkeit*, de Lutero, usei o texto da edição de Clemen[1]. Recorri também à admirável edição estudantil da Alemanha Oriental[2], particularmente valiosa por suas informações sobre o contexto da obra e pelas notas de rodapé, e à versão alemã modernizada[3]. Uma vez concluída, comparei minha tradução com a de J. J. Schindel[4].

Lutero nunca tornou a obra acessível a um público mais amplo por meio de uma versão latina, mas também nunca a desprezou, pois o livro foi reimpresso várias vezes com sua permissão e o autor refere-se a ele em "Se os Soldados também podem estar em Estado de Graça", de 1526. Uma cuidadosa e elegante tradução para o latim foi feita por Johann Lonitzer (Lonicerus) em 1525[5]; ela nos revela

---

[1] O. Clemen (ed.), *Luthers Werke in Auswahl* (reimpresso em Berlim, Walther de Gruyter e Co., 1967), vol. II, pp. 360-94.

[2] H. Erich Delius (ed.), *Studienausgabe* (Berlim, Evangelische Verlagsanstalt, 1982-), vol. III, pp. 27-71.

[3] K. von Ahland (ed.), *Luther Deutsch* (Göttingen, Vandenhoeck und Ruprecht, 1961--1982).

[4] *In* J. Dillenberger (ed.), *Martin Luther Selections* (Garden City, NY, Anchor Books, 1961), e (numa versão revisada) no vol. XLV de *Luther's Works* (St. Louis, Concordia e Filadélfia, Fortress Press, 1966), pp. 75-130. Trata-se de uma tradução muito competente.

[5] *De sublimiore mundi potestate, M. Lutheri Liber, donatus latinitate a Ioanne Lonicero*, sem local de publicação (Estrasburgo), 1525. Lonitzer havia sido secretário de Lutero e na ocasião estava ensinando em Estrasburgo.

o que um inteligente luterano do século XVI fez de seu mestre, mas não tem uma autoridade independente. Não fui capaz de descobrir se Lutero esteve, de algum modo, ligado a essa tradução; mas sabe-se que Lonitzer fora outrora seu amanuense. Seja como for, as edições latinas dos escritos reunidos de Lutero, do século XVI, não incluem o trabalho de Lonitzer, ao contrário das coletâneas alemãs que sempre contêm *Von Weltlicher Oberkeit*. Se Calvino estava familiarizado com a obra, isso se deveu à tradução de Lonitzer. Uma outra tradução (parcial) foi feita por Sébastien Châteillon (Castellio) e reimpressa sob pseudônimo como uma defesa da tolerância religiosa: *Martini Luteri* (algumas versões trazem *Aretii Cathari*) *de magistratu seculari, secunda pars*, in Martinus Bellius (pseudônimo), *De haereticis an sint persequendi... doctorum virum... sententiae*, Magdeburgi, *apud* Georgium Rausch (pseudônimo, na verdade Basileia), 1554.

Para traduzir a obra latina de Calvino, *Institutio Christianae religionis*, utilizei a edição de P. Barth e W. Niesel[6] e a confrontei com a versão francesa *Institution de la religion Chréstienne*, incluída na edição do *Corpus Reformatorum*[7]. Consultei também a excelente tradução e edição de J. T. McNeill e F. L. Battles[8], bem como a tradução, feita em 1561, de Thomas Norton, que trabalhou competentemente com a edição latina de 1559[9]. A tradução de Beveridge, tantas vezes reeditada, é quase sempre inútil.

Objetivos destas traduções

O brilho de Calvino e Lutero como tradutores só pode causar desânimo aos simples mortais que se proponham a fazer a mesma coisa. Sua homogeneidade de estilo e elegância de expressão encon-

---

[6] *Joannis Calvini Opera Selecta* (Munique, C. Kaiser, 1926-1936), vols. III-V.

[7] G. Baum, E. Cunitz e E. Reuss (eds.), *Joannis Calvini Opera quae supersunt Omnia, Corpus Reformatorum* (Brunswick e Berlim, Berolini, 1863-1900), vol. IV.

[8] J. T. McNeill (ed.) e F. L. Battles (trad.), *Institutes of the Christian Religion*, Library of Christian Classics (Filadélfia, Westminster Press, 1960), vols. XX e XXI.

[9] *The Institution of Christian Religion... according to the Author's Last Edition...* (Londres, Reinolde Wolfe e Richarde Harison, 1561). "Last", última, tem o significado de mais recente (isto é, de 1559); Calvino morreu em 1564.

tram-se completamente além de minha capacidade. Tudo o que procurei fazer foi apresentar um texto que não obrigasse o leitor a constantemente pisar em falso, vacilar, estacar, mas que está totalmente livre de anacronismos. Pressupus que meus leitores sabem que tradução, em última análise, é algo impossível; admiti também que, embora não tenham em suas mãos os originais, estão preparados para adquirir uma certa familiaridade com os termos técnicos e são bastante zelosos para, eventualmente, dirigirem-se ao texto original. Para tais leitores, incluí na tradução de Lutero referências às páginas da edição Clemen. Quando meu autor emprega o mesmo termo para travar uma passagem, ou talvez a própria estrutura de suas reflexões (por exemplo, *Oberkeit* e *weltlich*, em Lutero, ou *politia/police*, em Calvino), mas conta com um âmbito de conotações que seu termo apresenta mas nenhum termo inglês consegue abarcar, não hesitei em incluir no texto, entre colchetes, o termo original, em grafia moderna no caso de Lutero.

No que toca ao estilo, o texto de Lutero mostrou-se particularmente difícil, pois não existe no inglês moderno um gênero que corresponda a ele, nem mesmo de maneira aproximada. Embora planejado e escrito como panfleto, lê-se como um sermão e assim é descrito pelo próprio autor. Lutero pode, assim, permitir-se trabalhar à exaustão certas passagens (é a impressão que nos dá), ser popularesco e erudito no mesmo parágrafo, prosear com seus leitores (ou ouvintes?), usar livremente pronomes e adjetivos demonstrativos (este, aquele, ele, isso), sem maior aprofundamento, e alcançar a precisão por meio de sucessivas aproximações de expressão. Uma tradução que reproduza tudo isso fielmente, como esta pretende, não pode deixar de lembrar ao leitor que o original não foi escrito por um contemporâneo nosso.

Admitimos que não é impossível determinar um gênero aproximado para a *Instituição da religião cristã* de Calvino, um tratado escrito em linguagem erudita, mas a obra apresenta outras dificuldades quase insuperáveis. Existem duas versões finais do texto: a latina, de 1559, e a francesa, de 1560. Esta última é uma tradução tão livre que os editores do *Corpus Reformatorum* e outros eruditos, até bem entrado nosso século, sustentavam ser ela o trabalho de um amanuense; e, para alguns deles, um amanuense não muito competente. Essa tese agora está sepultada, e com razão, mas os indícios reunidos a seu favor trazem à tona as discrepâncias entre as duas versões. Ambas, no entanto, são igualmente autênticas e legítimas. Por conseguinte, embora eu esteja apresentando uma tradução da versão latina, levei em consideração a francesa em cada linha do trabalho, assinalando as variações mais importantes. Isso foi feito em notas de rodapé (quando uma linha ou toda uma passagem estavam envolvidas), ou no corpo do texto (quando se tratava apenas de uma ou duas palavras).

No principal, tais discrepâncias simplesmente refletem as diferenças entre o francês do século XVI e o latim dos humanistas e também os diferentes públicos aos quais se dirigia cada uma das versões. A francesa pressupõe um público menos instruído e por isso é mais coloquial e, em certas passagens, mais explícita. É de presumir que foi essa a razão de Calvino escrever sistematicamente, por exemplo, "São Pedro" e "São Paulo" na edição francesa, e simplesmente "Pedro" ou "Paulo" na latina. Esta, por sua vez, permitiu ao autor ser indulgente com sua paixão humanista por superlativos, expressões enfáticas, pleonasmos, conjunções, formas alotrópicas, lítotes e expressões pomposas; ele sempre relutava em deixar fluir naturalmente um verbo sem embelezá-lo (é o que ele pensava) com um advérbio e parece que achava que os substantivos ficam indecentemente nus se não forem cobertos com um adjetivo. As figuras do Velho ou do Novo Testamento nunca "dizem" alguma coisa, mas "declaram", "testificam", "dão testemunho". Acrescenta-se a isso uma linguagem toda modulada que possibilita uma quase ilimitada acumulação de orações e suborações subordinadas, sobretudo quando encorajada pelo uso do ablativo absoluto e do gerúndio. O francês do século XVI era relativamente tolerante com tais coisas, do mesmo modo que admitia o livre uso dos pronomes e adjetivos demonstrativos, mas está mais perto do inglês moderno no que se refere a sua estrutura e sensibilidade. Eu me senti livre para seguir o exemplo de Calvino quando ele traduziu seu latim para o francês, nos casos em que ignora algumas conjunções, pleonasmos, expressões enfáticas, etc. ou muda a estrutura de suas frases e parágrafos, ou ainda é indiferente quanto à exatidão das palavras a serem usadas. Devo admitir que, às vezes, desisti de uma batalha desigual para encontrar uma expressão que soasse realmente inglesa para algum exagero humanista, e simplesmente recorri à versão francesa. A consciência, é claro, me obriga a assinalar o fato.

As edições de 1559 e 1560 da *Instituição da religião cristã* são as últimas de uma longa lista de edições e traduções que começou em 1536. Em algumas delas, Calvino ajuntou novos capítulos inteiros e chegou a refazer toda a estrutura do livro. O mais frequente, no entanto, foi usar parágrafos de uma versão anterior e interpolar acréscimos, ressalvas e amplificações. Para dar aos leitores a possibilidade de acompanhar o movimento das opiniões do autor no curso dos anos, registrei as datas das modificações mais importantes. No capítulo aqui traduzido, a ordem dos parágrafos permaneceu intacta.

Para finalizar, devo dizer que meus dois autores usaram suas próprias traduções da Septuaginta e do hebraico, nas copiosas citações que fazem das Escrituras, mas a Vulgata Latina da Velha Igreja sempre esteve presente em suas mentes, tanto quanto a Versão Autorizada[10] (e, para alguns, a de Douay-Rheims-Challoner[11]) faz parte das nossas. Em sua maioria, as citações que faço das Escrituras foram tiradas da Versão Autorizada, ela própria um produto de homens alimentados pela Bíblia de Genebra[12], mas afastam-se dela quando necessário. A prática de usar as modernas traduções da Bíblia, como se assim a entendessem Lutero e Calvino, é indefensável.

---

[10] A "Bíblia do Rei Jaime" (King's James Bible) ou "Versão Autorizada" é a tradução inglesa publicada em 1611. (N. do E.)

[11] A "Bíblia de Douay-Rheims" é uma tradução inglesa do final do século XVI. (N. do E.)

[12] A Bíblia de Genebra é de 1560. (N. do E.)

GLOSSÁRIO

Lutero

Autoridade, investidos de autoridade, governantes, superioridade, superiores: *Oberkeit*, *Oberen*; v. **Poder.**

As palavras e expressões "autoridade", "investidos de autoridade", "as autoridades" que se encontram nesta tradução correspondem ao alemão *Oberkeit*, termo abstrato que significa, seja a posição de se ter autoridade ou poder, seja a coletividade dos que gozam de tal *status*. O texto de Lutero transita rapidamente do abstrato *Oberkeit* para o pessoal *die Oberen* ("superiores"), que significa "pessoas com *status* político superior". A tradução de *Oberkeit* por "autoridade" está longe de ser feliz. Não só implica uma distinção entre "autoridade" e "poder" que Lutero não fez, como sugere uma qualidade abstrata que falta ao pensamento do autor. Quando Lutero fala de *Oberkeit*, pensa em termos de indivíduos – e, na maioria das vezes, de um príncipe (*Fürst*) ou de um senhor (*Herr*) – dotados de poder (v. Introdução, p. XX). Lutero alterna livremente "autoridade" (*Oberkeit*) e "os investidos de autoridade" (*die Oberen*). A fim de preservar essa ligação verbal ou ressaltar o caráter personalizante de seu pensamento, às vezes tive de recorrer aos termos agora obsoletos "superioridade" (em vez de "autoridade") e "superiores" (por exemplo, nas pp. 52 e 63) para traduzir *Oberkeit*.

O próprio Lutero usa o dialetal saxônico *Uberkeit* (em mais de uma grafia e em uma versão *Oberkeytt*), que se transformou no alto alemão contemporâneo em *Oberkeit*. Esse termo foi posteriormente substituído por *Obrigkeit*, que, por sua vez, se tornou obsoleto, exceto como deliberado arcaísmo (como as expressões inglesas "the powers that be" ou "our lords and masters").

Classe, v. **Estado**.
Dever, v. **Ofício**.
Direito, v. **Lei**.
Espada, v. **Autoridade** e Introdução, p. XXIV.

Estado, *status*, **posição, nível, categoria, grau, condição, classe, estamento**, *Stand*; v. **Ofício, superiores**.

A palavra alemã *Stand* (estamento) é um substantivo coletivo que designa todos aqueles que partilham a mesma categoria ou *status* legal ou social, exatamente comparável no significado aos vocábulos ingleses da mesma época *degree* ("a person of low degree", por exemplo) e *estate* (como na expressão "estates of the realm", que corresponde aos Estados Gerais franceses; o equivalente alemão é a *Reichstände* [Dieta Imperial] do Sacro Império Romano-Germânico). O mais significativo uso teológico que Lutero fez desse termo foi para negar a tradicional distinção entre aqueles que têm um *status* "espiritual" ou eclesiástico (superior) e os que têm um *status* leigo (inferior) e, na verdade, para contrapor-se à tendência a igualar os *status* espiritual e eclesiástico. Para Lutero, a distinção teologicamente importante entre os homens é a que separa o cristão do não cristão; entre os primeiros existem apenas diferenças de "ofício" (v.) ou função. Nesse sentido, todos os cristãos são membros do mesmo "estado cristão", isto é, da coletividade dos que gozam do *status* de cristão. Todos eles têm "liberdade cristã" e são igualmente sacerdotes quanto a seu *status* espiritual (por exemplo, p. 11). Isso, no entanto, segundo a doutrina de Lutero, deixa intactas as diferenças seculares de categoria e não elimina a necessidade de uma diferenciação de "ofícios" ou "tarefas" (v.).

Mas Lutero usa também o termo *Stand* no sentido mais comum em seu tempo, ou seja, no que se refere à ideia de uma ordem hierárquica na sociedade civil, dentro da qual cada indivíduo tem uma determinada categoria ou lugar. Assim, existem superiores e inferiores, e entre os superiores há os mais altos (imperadores, reis, príncipes) e os mais baixos (senhores; v. p. 63 e nota de rodapé 54); igualmente, existem diferentes ocupações ou modos de vida. Nesse sentido, o termo "estado", às vezes, pode ser trocado por "ofício", "ocupação" ou "trabalho"; por exemplo, na p. 10 e na nota de rodapé 12; a *Stand* dos soldados; nas pp. 53-6, a *Stand* do príncipe; nas pp. 28-9, a *Stand oder Amt* de um sapateiro, de um padre ou de uma pessoa casada ("o estado de casado"). No mesmo parágrafo (os estudiosos de Max Weber devem ficar atentos), Lutero emprega o termo "vocação" ou "chamado" (*Beruffung*) como sinônimo de *Stand* e de *Amt*.

Força, v. **Poder**.
Função, v. **Ofício**.
Governo, v. **Reino**.
Grau, v. **Estado**.

Justo: *Fromm*; v. **Lei**; e cf. Glossário: Calvino – **Obediência**.

Lutero usa frequentemente o termo *fromm* onde no alemão moderno seria usado *gerecht*, embora também empregue este último. No tempo de Lutero, *fromm* ainda equivalia às palavras latinas *iustus*, *probus*, *bonus*; parece que Lutero também o utiliza no sentido de *pius* (um dos significados atribuídos à palavra *fromm* pelo *Deutsches Wörterbuch* dos irmãos Grimm, embora não sejam apontados casos em que Lutero tenha usado os termos de modo equivalente, p. 241), que significa "piedoso", "obediente", "que cumpre seus deveres" (cf. Glossário: Calvino – Obediência) e, portanto, "justo", no sentido de "alguém que faz o que deve", seja em relação a Deus, seja em relação aos homens, seja a ambos. Em *Sobre a autoridade secular*, quando usa o termo, Lutero com frequência não distingue entre o justo meramente exterior (isto é, conforme leis e regulamentos) e o justo interior ou verdadeiramente justo. Assim, nas pp. 8-9, o autor diz que os governantes têm o dever de punir os "malfeitores" e proteger os *Frommen*. Os termos equivalentes no inglês do século XVI são *godly* (pio) e *righteous* (reto), sendo o último, possivelmente, o mais adequado, mas, uma vez que eles também são ininteligíveis para o leitor moderno, julguei inconveniente usá-los, embora houvesse momentos na tradução de Calvino em que me parecessem irresistíveis. Sempre traduzi *fromm* por "justo". Cf. especialmente Introdução, p. XIX, e p. 14, nota de rodapé 15.

Lei, Direito: *Recht*, *Gesetz*; v. **Justo**.

A palavra alemã *Recht*, como a francesa *droit*, a italiana *diritto*, a espanhola *derecho* e a latina *ius*, é sempre um pesadelo para os tradutores. Ela encerra qualquer um dos seguintes significados, ou uma combinação deles: o que é direito ou justo; justiça; um direito (isto é, um título a que se faz jus, legal ou moralmente); a lei (como disciplina acadêmica, como *corpus* de leis de um Estado ou no sentido de "a lei da terra"). *Recht* tem, portanto, um significado mais genérico que o inglês *law*, o qual geralmente fui obrigado a usar para traduzi-la. Pode também originar um adjetivo ou um advérbio ou, numa forma obsoleta ainda usada no tempo de Lutero, um verbo, *rechten*, que significa "ir" ou "recorrer a um tribunal"; cf. o alemão atual *richten*, "julgar", mas também "reparar" e "indenizar", e *berechtigt* ("com direito a", "justificado em"). A exemplo de seus contemporâneos, em geral Lutero se mostra pouco inclinado a salientar a distinção, obscurecida pelo termo *Recht*, entre o que é legalmente e o que é moralmente justo ou, em outros termos, entre ter direito legal e ter direito moral. Ele deu por pressuposto que a lei do país comumente apenas codifica ou torna obrigatória a lei moral (concepção semelhante de lei se encontra na seção 16 da *Instituição* de Calvino). Por conseguinte, pressupôs também que o verdadeiro cristão é naturalmente obediente à lei; mais do que isso, que o verdadeiro cristão nem precisa de leis. Cf. seus argumentos nas pp. 12-6.

O termo de Lutero para "pessoas justas" é, às vezes, *die Gerechten*, mas mais comumente *die Frommen*. Para "justiça", é *Recht* (cf. acima) ou *Gerechtigkeit*; para "erro", "um erro" ou "injustiça", *Unrecht*.

Lutero usa também o termo *Gesetz* (de *setzen* ou *satzen*, "depor", "estabelecer", "declarar", "registrar"), que significa lei "positiva", "feita" ou "estatuída" (como o termo *constitutio* de Calvino; v. nota de rodapé 71 de *Sobre o governo civil*). Frequentemente, Lutero emparelha *Gesetz* e *Recht* (nas pp. 9-10, por exemplo) ou não dá nenhum significado à distinção. Mas *Gesetz* claramente implica a existência de um legislador (como o termo romano *lex*) e significa uma determinada lei, enquanto *Recht* significa lei em geral e não implica necessariamente nenhuma referência a um legislador. Lutero pensa a lei enquanto contida em livros (nas pp. 54-5, por exemplo). Ele era da opinião de que os códigos de leis inevitavelmente gerariam comentários (de tipo escolástico, o que lamentava) que seriam considerados possuidores de autoridade para a interpretação das leis, e esses comentários ele também descreveu como "livros" (cf. Introdução, pp. XIX-XX).

Mundo, mundano, v. **Secular**.

Ofício, ocupação, vocação ou **chamado, dever, serviço, tarefa**: *Amt, Beruffung, Dienst*; v. **Estado** e cf. Glossário: Calvino – **Obediência**.

A terminologia que Lutero usa para designar tarefas, deveres, ocupações e serviços é muito imprecisa. *Amt* denota "ocupação", "profissão", "trabalho" e os deveres e as responsabilidades que os acompanham; às vezes significa o "trabalho" de alguém – e, com efeito, frequentemente o autor usa o termo *Werk*, "tarefa" (por exemplo, a *Amt* de Cristo ou de São João Batista; em outras palavras, aquilo que eles vieram fazer no mundo; Lutero fala até mesmo na *Amt* da lei). Lutero emprega *Amt*, *Beruffung* (vocação) e *Stand* (v. Estado) alternadamente. *Amt* parece igual ao latino *officium* (cf. Glossário: Calvino – Ofício), significando "dever" ou "deveres" referentes a um *status*, tanto quanto "posição", "ocupação" ou "cargo" (um cargo no governo, por exemplo). É claro que o dever de alguém pode ser um serviço para outros. *Dienst* (serviço) é com frequência empregado alternadamente com "ofício" ou "dever".

Poder, violência, força: *Gewalt*; v. **Autoridade**.

O emprego que Lutero faz de *Gewalt* é abordado nas pp. XXI-XXIV da Introdução. Os comentários sobre os termos *potestas* e *imperium*, em Calvino, também são relevantes (v. Glossário: Calvino – Autoridade). O ponto crucial está em que *Gewalt* corrói a distinção entre "poder" e "autoridade". Isso não é de surpreender, dada a visão que Lutero tinha, em 1523, da função inerente ao governo como sendo repressiva e punitiva. Segundo o autor, repressão e punição podem ser feitas tanto por aqueles cujo poder é ilegítimo quanto por aqueles com poder legítimo. Às vezes (pp. 46, 48 e 51, por exemplo), Lutero emprega *Gewalt* no sentido de "força" ou "violência" pura e simples, outras vezes o uso é neutro, significando apenas "poder" (pp. 20-2 e 43-4, por exemplo). Frequentemente, o termo é sinônimo de "autoridade", "os que detêm o poder", "as autoridades", "governo", "superioridade" (pp. 8, 20, 30-1, 33, 38, por exemplo).

Reino, realeza, governos: *Reich*, *Regiment*; v. **Autoridade, Secular**.

O termo aqui traduzido como "reino" ou "realeza" é *Reich*. *Regiment* é sempre traduzido por "governo". Assim, um *Reich* sempre tem um *Regiment* ou vincula-se a ele, e um *Regiment* governa um *Reich*. Em *Sobre a autoridade secular*, Lutero prende-se coerentemente a essa distinção. No entanto, também usa o termo *die Gewalt* alternado com *Regiment* e "autoridade (secular)" – (*weltliche*) *Oberkeit* – alternado com ambos. Por isso, não raramente fui obrigado a traduzir todos esses termos por "governo" (v. Autoridade e Poder).

O termo luterano *Reich* reproduz de perto o leque de significados do termo clássico e medieval *imperium* (cf. Glossário: Calvino – Autoridade), que tem a atual conotação do termo "império" tanto quanto suas conotações obsoletas (nas expressões "o império da opinião" e "o império das leis", por exemplo). Em outras palavras, significa "governo" e "predomínio sobre". No primeiro sentido, aproxima-se de "soberania" ou ao menos de suprema autoridade. No latim da Idade Média e do começo dos tempos modernos, dizia-se que os imperadores e reis tinham *imperium*, o que não acontecia com os governantes e príncipes de nível inferior. Exatamente o mesmo vale para *Reich*. Essa palavra não faz distinção entre "reino" e "realeza", "principado" e "dignidade de um príncipe".

Para Lutero, a expressão "o *Reich* de Deus" significa duas coisas. Em primeiro lugar, o governo e a soberania de Deus sobre todo o universo; nesse sentido, os eleitos e os réprobos, e o próprio Satanás, estão subordinados ao "império" de Deus. Em segundo lugar, a realeza divina que paira sobre seu povo escolhido, os eleitos; em outros termos, a Igreja universal e invisível dos Santificados, sejam eles vivos, mortos ou ainda não nascidos (cf. p. 8, por exemplo). Um tanto confusamente, o *Reich* de Deus teria dois "governos" (*Regimente*), o "espiritual" e o "secular", e não fica claro se Lutero queria dizer que o primeiro correspondia ao domínio divino sobre apenas os eleitos, enquanto o *Regiment* "secular", "temporal" ou "terreno" era o governo de Deus sobre os réprobos *e* os eleitos, ou somente sobre os réprobos. Este último sentido parece ser o desejado por Lutero na p. 15, onde ele fala do "reino" (*Reich*) do "mundo" e do "governo (*Regiment*) secular" como tendo sido estabelecidos "fora do estado cristão". De qualquer forma, o símbolo e instrumento característico do governo (*Regiment*) secular é a Espada; em vários trechos, Lutero refere-se ao "Governo da (ou pela) Espada" (v. Introdução). Se, de fato, Lutero julgava que o governo secular é exercido exclusivamente sobre os ímpios, então a relação dos cristãos com ele não é de modo algum a de verdadeira sujeição, mas apenas uma decorrência do dever dos cristãos de participar do reino (*Reich*) de Deus, no primeiro sentido dessa expressão. Mas em vários momentos dessa obra de Lutero surge uma interpretação mais positiva da função do *Regiment* secular, quando este é interpretado pelo autor como um "socorro" aos nossos vizinhos mais fracos e necessitados, os quais (no fim) poderão revelar-se "eleitos", apesar de tudo. O "juízo de caridade" requer que admitamos que as pessoas são potencialmente eleitas. Às vezes, Lutero parece empregar a expressão "*Regiment* espiritual" simplesmente para designar o governo dos bispos e sacerdotes sobre as igrejas *visíveis* (por essa época, quando cuidava de fazer alguma distinção, os adjetivos eram "corpóreas" e "externas"). As igrejas *visíveis* abrigam tanto os eleitos quanto os injustos, mas então o autor passa a esclarecer que aqueles que não são verdadeiros cristãos pertencem ao *Reich* do mundo e estão sujeitos ao *Regiment* externo. A terminologia dos dois *Reiche*, portanto, participa das ambiguidades dos termos "mundo", "secular", "temporal" usados por Lutero (v. Glossário e cf. Introdução, pp. XV a XVIII).

Regiment é uma palavra abstrata, mas Lutero tende a pensá-la como designando uma pessoa ou grupo de pessoas que governa, ou a coletividade dos súditos dos governantes (v. Autoridade, acima). Exemplo disso se encontra nas pp. 16 e 17, onde Lutero fala de um "*Regiment* cristão", isto é, uma coletividade de governantes e governados, todos verdadeiros cristãos. Não há diferença significativa no nível de abstração do pensamento de Lutero, quando ele usa seja *Regiment*, *Oberkeit* ou *die Oberen*, seja, com efeito, *die Gewalt* (v. Poder).

Secular, **temporal**, **terreno**: *Weltlich*.

As dificuldades para traduzir o termo alemão *weltlich* são discutidas na Introdução (pp. XVI e XVIII). Em certo sentido, o mundo (*Welt*) é simplesmente "esta vida" e tudo o que se relaciona com ela, incluindo, portanto, cristãos e não cristãos igualmente. Outros significados são "o mundano", em oposição a "verdadeiramente cristão", e "terra", por oposição a "céu". Do mesmo modo, o adjetivo *weltlich* às vezes refere-se neutramente a coisas boas ou más pertencentes a este mundo, mas também pode ter o significado pejorativo de "mundanidade" ou "que não alcança o nível espiritual". No primeiro sentido, a melhor tradução é "secular" ou "temporal"; no último, deve ser traduzido por "mundano". Em algumas passagens (pp. 42 e 48, por exemplo), o autor joga deliberadamente com a ambiguidade da palavra alemã; noutras (pp. 14-6, por exemplo), talvez as conotações negativas tenham se mostrado prejudiciais à clareza de pensamento, particularmente em virtude da atitude hostil em relação aos governantes "seculares" que, em geral, Lutero toma nesse texto.

Superioridade, **superiores**, v. **Autoridade**, **Poder**.
Tarefa, v. **Ofício**.

Temporal, v. **Secular**.
Terra, terreno, v. **Mundo**.
Violência, v. **Poder**.

Calvino

Autoridade, poder: *potestas, autoritas* (*sic*), *imperium, dominatio*; *puissance, authorité, domination*.

Nesta edição, as palavras "autoridade" e "poder" servem para traduzir vários termos franceses e latinos do texto de Calvino. Não constatei nenhuma indicação de que ele tenha empregado esses termos para fazer quaisquer distinções importantes. O autor parece usá-los simplesmente para obedecer à norma estilística, segundo a qual se deve procurar variar as palavras e evitar a repetição do mesmo termo na mesma sentença ou em frases próximas. Por essa razão, ele obedece inconscientemente aos padrões escolásticos e se afasta das normas dos clássicos; estes certamente não usariam *auctoritas* e *potestas* alternadamente (nem grafariam *autoritas*, como ele o faz). Seja como for, *potestas*, no texto de Calvino, significa os "poderes", "direitos" ou "títulos" que estão unidos a um certo ofício ou cargo; tem também o sentido de "autoridade", entendida abstratamente. *Imperium*, no latim clássico, é o conjunto de poderes inerentes aos mais altos cargos cívicos, principalmente aos de cônsul, pretor ou general e, mais tarde, ao de imperador. No latim medieval e do começo da Idade Moderna, o significado do termo foi estendido, incluindo os direitos do cargo real. Assim, na medida em que haja alguma distinção, o *imperium* é a mais alta *potestas*. No latim clássico, *auctoritas* tinha o sentido de autoridade pessoal ou moral, o direito a ser ouvido atenciosamente, direito adquirido pela experiência, pelo sucesso e por um *status* respeitável. Calvino, porém, emprega o termo, como fizeram os autores escolásticos, como sinônimo de *imperium* ou *potestas* (por exemplo, seções 23 e 25). Claro que também o utiliza (assim como *authorité*) quando se refere à autoridade moral ou intelectual.

Segundo o uso feito pelo autor, os três termos conotam legitimidade. Tal aspecto orientou minha tradução, mas também cria dificuldades. A palavra inglesa *power*, "poder", é bastante neutra no tocante à legitimidade, embora com frequência seja empregada alternadamente com *authority*, autoridade. Esta última, porém, sugere sempre um direito de agir, enquanto *power* pode significar nada mais que a capacidade de atingir efeitos pretendidos, o controle de recursos para levar outras pessoas a fazerem o que não fariam em diferentes circunstâncias, e consequentemente pode não ter nada em comum com *authority*; esta última, por seu turno, pode existir sem *power*. Uma vez que Calvino está basicamente preocupado em enfatizar a habilitação dos "poderes estabelecidos" à obediência, sem nenhuma disposição para ser indulgente com especulações acerca de sua legitimidade ou de sua ausência, traduzi sistematicamente *autoritas*, *potestas* e *imperium* por *authority*, excetuadas aquelas passagens nas quais o termo "poder" está consagrado – por exemplo, na tradução do trecho crucial de Romanos 13 (seções 4 e 23), ou quando a ênfase é realmente em "poder" (na seção 10, por exemplo); nesses casos forneci o termo original entre parênteses. Não me pareceu valer a pena referir se o original emprega *imperium* ou *potestas*, uma vez que Calvino usou-os alternadamente, na mesma linha ou em linhas subsequentes (na seção 24, por exemplo). Em certa passagem, Calvino diferencia efetivamente "poder" e "autoridade" mediante o uso do termo latino *potentia* ("potência", "vigor"), que não traz consigo nenhuma sugestão de legitimidade. Sem diferenciá-los, a versão francesa traduz todos os três termos pela palavra *puissance*, o que pode ser percebido na tradução em apêndice da seção 8, onde indiquei os termos originais. Geralmente, porém (sem nenhuma razão discernível, a não ser o imediatismo da sugestão), traduz *autoritas* por *authorité*. Em uma outra passagem, traduz até mesmo *ius* ("direito") como *puissance*. Ainda mais estranhamente, Calvino utiliza *dominatio/domination* como um equivalente para todos os outros termos, embora em períodos republicanos isso teria sido considerado não distinguir entre relações domésticas e civis, pois se relaciona ao mando de um *dominus* sobre seus dependentes ou escravos. Tanto na versão latina quanto na francesa, Calvino não tinha maiores escrúpulos a esse respeito, ainda que utilizasse *dominatio* quando falava do poder dos tiranos (por exemplo, na seção 30).

Embora os argumentos originados do silêncio sejam ardilosos, não posso deixar de observar que o termo "soberano" ocorre, creio, apenas uma vez na versão francesa, na expressão *l'empire souverain*, na qual se refere ao poder de Deus em contraposição ao poder terreno (*puissance terrienne*). O texto latino nesse ponto refere simplesmente o *ius* de Deus; e Calvino não se aproxima mais de um termo para "soberania" do que quando emprega *imperium*. Reconhecidamente, "soberania" não tem origem no latim clássico; a versão latina desse termo seria *plenitudo potestatis*, ou ainda *plena* (ou *summa*) *potestas* (ou *autoritas*); este último termo aparece na seção 31, onde Calvino enfatiza o dever de obediência das pessoas privadas, mas é imediatamente seguido pela referência aos direitos dos "magistrados do povo". Um modo alternativo de traduzir "soberania" para o latim, *merum imperium*, aparece na seção 32, numa referência ao poder de Deus.

O termo *maiestas* ("majestade") é livremente empregado pelo autor tanto para a autoridade divina quanto para a secular; trata-se também de um possível sinônimo latino para "soberania". Mas Calvino não o utiliza num sentido jurídico; desde o período clássico *maiestas* revestira-se de uma aura religiosa, e foi esse aspecto que Calvino considerou prestimoso.

Devoção, v. **Obediência**.
Forma de governo, v. **Governo**.
Governantes, v. **Superiores**.

Governo, forma de governo, organização política, ordem civil, regime, unidade política: *politia, ordinatio, regimen, gubernatio, respublica, civitas*; *police, ordonnance, chose publique, république*.

Calvino e seus contemporâneos de expressão francesa e alemã não dispunham de uma palavra que fosse o equivalente exato do moderno termo *state*, "estado" (e as traduções que empregam esse termo para traduzir algum vocábulo de Calvino invariavelmente não se referem a outra coisa senão ao "governo"). Mas ele efetivamente usou uma série de termos abstratos latinos e suas derivações francesas para os quais Lutero e os falantes do alemão em geral não tiveram equivalente até o final do século XVI nem mesmo em data posterior; o único termo alemão disponível para Lutero era *Gemeinde*. Dadas as suas inclinações republicanas, Calvino necessitava de um termo mais abstrato do que Lutero, que na maioria das vezes designou a associação civil mediante a referência à forma de governo (por exemplo, "reino", "principado", "ducado", "eleitorado", "império", etc.). Nesta tradução, em geral recorri a *polity* ("governo", "forma de governo", "organização política", "comunidade politicamente organizada") e a seu equivalente quinhentista, *commonwealth* ("unidade política"), para traduzir os termos de Calvino. Como já observei, tanto quanto eu possa perceber, Calvino não utilizou esses diversos termos para fazer distinções, mas simplesmente por elegância de estilo, *copia verborum*; com efeito, frequentemente utiliza *regimen* ou *gubernatio* ("governo") quando poderia igualmente fazer referência a *politia*, e vice-versa (na seção 8 da versão latina, por exemplo). No entanto, também empregou esse último termo em sentido técnico, discutido na nota 31.

Nesse grupo de sinônimos, a palavra mais difícil de traduzir satisfatoriamente é *ordinatio* (*publica*), *ordonnance*. E não porque expresse algo efetivamente difícil de entender; a dificuldade está antes em fazer ressoar as sugestões do original. A única aproximação é a palavra inglesa *order*, "ordem", que utilizei *faute de mieux*. Significa "aquilo que ordena", "aquilo que foi colocado em ordem", em que "ordem" pode significar "comando", "boa disposição" ou ambos. Geralmente *ordinatio* significa apenas "a ordem pública" ou "governo" (por exemplo, nas seções 1 e 2, onde é meramente uma variante de *regimen*, e na seção 3, onde é uma alternativa para *politia/police*. *Politia*, por sua vez, significa "a ordem civil", sendo intercambiável com *respublica*, *civitas*, *chose publique*, *république* (por exemplo, nas seções 8, 9 e 14). Não é claro se Calvino chegou a ler a obra de Claude de Seyssel *La Monarchie de France* (1516), na qual Seyssel utiliza a expressão *la police* para se referir à ordem institucional ou à "constituição" (embora essa última tradução seja anacrônica em importantes aspectos). Seja como for, em certos casos Calvino utiliza *politia* em relação à ordem institucional, uma ordem de leis e instituições que configura uma associação civil. Pelo menos até o século

XVIII, "leis" e os vários termos correlatos europeus significavam não apenas "normas", mas também as instituições e arranjos constituídos e articulados por aquelas normas. É esse também, pelo menos em parte, o significado da expressão que Calvino utiliza três vezes neste capítulo (seções 3 e 14): *politia Christiana* ("governo cristão") e quando fala da *politia* dos judeus (seções 15 e 16).

Magistrado, príncipe: *magistratus, princeps/magistrat, prince*, v. **Superiores**.

Calvino habitualmente utiliza a palavra republicana *magistratus* ("magistrado") como termo genérico para o detentor de algum cargo (v. especialmente as seções 3-4). Trata-se de um termo intercambiável com "superior" (*praefectus*, *supérieur*), mas que sugere mais categoricamente um modo eletivo de indicação – naturalmente, sem que os eleitores precisem ser todo o conjunto dos cidadãos. A preocupação de Calvino não era tanto a de enfatizar a subordinação dos detentores de cargos para com os eleitores, mas, antes, a subordinação daqueles em relação a Deus. É esse também o objetivo de sua frequente referência aos magistrados como "ministros" (isto é, servos – por exemplo, na seção 7), "representantes", "legados", "lugares-tenentes", etc. A maioria de seus contemporâneos, Lutero entre eles, teria empregado a expressão "reis e príncipes" e teria utilizado "magistrados" para designar os titulares de cargos de menor expressão, especialmente os cargos judiciais, ou os governantes eleitos de cidades. Não obstante, deve-se notar que, na versão francesa, o próprio Calvino usa com frequência *prince* ou *supérieur* para traduzir *magistratus* (por exemplo, nas seções 17, 22, 23, 31, 32).

Obediência, dever, serviço a Deus, piedade, impiedade, devoção, retidão: *pietas*, *pieté*.

Os termos quinhentistas e seiscentistas ingleses que adequadamente traduziram *pietas* (*pieté*) são *righteousness* ("retidão") e (de modo ainda mais preciso) *godliness* ("piedade", "devoção"). Em alguns momentos, nenhum outro termo pode substituí-los. Na maioria das vezes, apesar de serem desajeitadas, recorri às paráfrases *dutifulness* ("obediência", "submissão") e *service to God* ("serviço a Deus", "estar a serviço de Deus"). O termo *pious*, "pio" – que alguns tradutores utilizam, em desespero, para minimizar suas perdas –, é incorrigivelmente inadequado; um "príncipe pio", em inglês moderno, seria alguém voltado o tempo todo para suas orações: os estudantes de latim lembrar-se-ão do "pio Eneias". (O antônimo *impious*, "ímpio", não sofre objeções, mas, por ser totalmente obsoleto, também se mostra de pouca valia para o leitor.)

Calvino utilizou o termo latino *pius*, equivalente preciso do *fromm* empregado por Lutero (v. Glossário: Lutero – Justo) em seu sentido clássico estrito, isto é, alguém pronto a cumprir seu dever, seja em relação a Deus, aos homens, aos antepassados ou à religião. Por vezes Calvino equipara *pietas* e *iustitia* ("justiça"), e assim ambos têm o significado de deveres para com Deus e os homens; a justiça perfeita (*righteousness*) seria a perfeição no cumprimento do dever para com Deus e os homens, enquanto a justiça consistiria em dar a cada um o que lhe é devido.

Ordem civil, v. **Governo**.
Piedade, v. **Obediência**.
Poder, v. **Autoridade**.
Príncipe, v. **Magistrado**.
Regime, v. **Governo**.
Retidão, v. **Obediência**.
Serviço a Deus, v. **Obediência**.

Superiores, **superioridade**, **governantes**, **governo**, **(pre)eminência**: *praefectus, praefectura, supérieurs, supériorité*; v. **Magistrado**.

Calvino não personalizou a autoridade política tanto quanto Lutero o fez. Ele salientou muito mais a distinção entre um cargo e seu titular e jamais partiu do pressuposto de que cada um dos cargos de autoridade deveria ser interpretado como representando um degrau numa escada ou num gradiente, em que, até o imperador, cada indivíduo tem um superior hierárquico. Apesar disso, Calvino também baseou-se em boa medida na noção de organização política como composta de relações de comando e obediência, entre superior e subordinado. Consequentemente, também utilizou termos que se aproximam bastante dos *Oberkeit* e *Oberen* de Lutero, a saber, *praefectura* e *praefecti* (e ainda mais próximos: *supérieurs* e *supériorité*). Com bastante frequência, *praefectura* é tão somente um sinônimo para "governo" (por exemplo, na seção 4). No entanto, os termos latinos (ainda que não os franceses) sugerem uma "indicação", "designação" ou "instalação" (a partir de *praeficere*, posicionar ou colocar alguém antes de outro alguém, ou com responsabilidade sobre outro alguém); minha tradução, a exemplo da tradução francesa de Calvino, perde essa conotação. Uma vez que não falamos mais de "superiores" e "inferiores" nesse contexto, minha tradução deve ser arcaica, de modo que reflita o pensamento de Calvino.

Calvino também utiliza outras metáforas de altura ou elevação para simbolizar o *status*, tais como "eminência".

Unidade política, v. **Governo**.

LEITURAS ADICIONAIS

Lutero

Para uma visão geral introdutória da Reforma, é bastante útil o livro de G. R. Elton, *Reformation Europe, 1517-1555* (Londres, Fontana, 1963). S. E. Ozment, em *The Reformation in the Cities* (New Haven e Londres, Yale University Press, 1975), exemplifica bem uma das abordagens que os mais recentes estudos sobre a Reforma estão adotando.

A biografia mais acessível de Lutero é a escrita por James Atkinson, *Martin Luther and the Birth of Protestantism* (Londres, Marshall Morgan e Scott, ed. rev., 1982); mas ver também A. G. Dickens, *Martin Luther and the Reformation* (Londres, Hodder, 1967). Para uma visão geral do pensamento político de Lutero, o melhor livro em inglês é o de W. D. J. Cargill Thompson, *The Political Thought of Martin Luther* (Sussex, Harvester, 1984), editado por P. Broadhead a partir de um manuscrito incompleto (e, infelizmente, sem notas de rodapé) depois da morte do autor. Cargill Thompson deu alguma atenção aos mais notáveis trabalhos sobre Lutero em alemão, e particularmente ao de Johannes Heckel, que ainda não foi traduzido. Dois artigos de Thompson também merecem estudo: "Luther and the Right of Resistance to the Emperor", *Studies in Church History*, 12 (1975), e "The 'Two Kingdoms' and the 'Two Regiments': Some Problems of Luther's *Zwei-Reiche-Lehre*", *Journal of Theological Studies*, 20 (1969), reimpresso em Cargill Thompson, *Studies in the Reformation: Luther to Hooker* (Londres, Athlone Press, 1980).

As obras de F. E. Cranz, *An Essay on the Development of Luther's Thought on Justice, Law and Society* (Cambridge, Mass., Harvard University Press, 1959), e E. G. Rupp, "Luther and Government", em H. Königsberger (ed.), *Luther* (Londres, Macmillan, 1973), também são valiosas fontes de consulta. O livro de Rupp, *The Righteousness of God* (Londres, Hodder, 1953), ainda servirá muito bem como uma introdução à teologia de Lutero. B. A. Gerrish, em "John Calvin on Luther", em J. Pelikan (ed.), *Interpreters of Luther* (Filadélfia, Fortress Press, 1968), examina a relação entre os dois teólogos. O tópico geral da Igreja e da organização política no pensamento da Reforma é discutido por J. M. Tonkin em *The Church and the Secular Order in Reformation Thought* (Nova York e Londres, Columbia University Press, 1971). Por seu alcance magistral e sedutoras super-simplificações, ainda permanece digno de consideração o ensaio interpretativo sobre Lutero em S. S. Wolin, *Politics and Vision* (Londres, George Allen e Unwin, 1961), cap. 5. E, naturalmente, nenhuma bibliografia acerca de Lutero poderia considerar-se adequada, ainda que num nível introdutório, a menos que encaminhasse os leitores para a obra de Q. Skinner, *The Foundations of Modern Political Thought*, vol. II (Cambridge, Cambridge University Press, 1978).

Para um estado mais aprofundado do pensamento de Lutero, a mais completa e acessível compilação num só volume de traduções integrais (mas na maioria dos casos sem notas de rodapé, o que não chega a surpreender, dada a grande quantidade de textos ali reunida) é J. Dillenberger (ed.), *Martin Luther: Selections from his Writings* (Nova York, Doubleday, 1961). Aqueles que pretenderem mergulhar mais fundo nos escritos "políticos" de Lutero desejarão consultar as traduções em *Luther's Works* (Filadélfia, Fortress Press, 1962-1971) para os seguintes panfletos (são dados entre parênteses os volumes dessa edição em que eles podem ser encontrados):

The Freedom of a Christian, 1520 (31)
Address to the Christian Nobility of the German Nation, 1520 (44)
On Good Works, 1520 (44)
On the Papacy at Rome, 1520 (39)

A sincere Admonition by Martin Luther to all Christians to guard against Insurrection and Rebellion, 1522 (45)
That a Christian Assembly and Congregation has the Right and Power to judge all Teaching and to call, appoint and dismiss Teachers, 1523 (39)
On Trade and Usury, 1524 (45)
To the Councillors of all Cities in Germany, that they should Establish and Maintain Christian Schools, 1524 (45)
An Admonition to Peace, 1525 (46)
Against the Robbing and Murdering Hordes of Peasants, 1525 (46)
An Open Letter about the Harsh Book against the Peasants, 1525 (46)
Whether Soldiers too can be saved, 1526 (46)
Warning to his Dear German People, 1531 (47).

Calvino

Aqueles que desconhecem totalmente o assunto encontram um razoável ponto de partida em M. Mullet, *Calvin* (Londres, Routledge, 1989). As melhores biografias de Calvino são as escritas por T. H. L. Parker, *John Calvin: A Biography* (Filadélfia, Westminster University Press, 1977) e W. J. Bouwsma, *John Calvin: A Sixteenth Century Portrait* (Oxford, Oxford University Press, 1988). A essas deve-se agora acrescentar a de A. E. McGrath, *A Life of John Calvin* (Oxford, Blackwell, 1990). A obra de F. Wendel, *Calvin: The Origins and Development of his Religious Thought* (Londres, Collins, 1963), ainda é indispensável como uma avaliação sinóptica da teologia de Calvino. O estado atual dos estudos sobre Calvino é examinado e exemplificado em R. V. Schnucker (ed.), *Calviniana: The Ideas and Influence of Jean Calvin*, em *Sixteenth Century Essays and Studies*, vol. X (Kieksville, Sixteenth Century Journal Publishers Inc., 1988). Há um excelente artigo sobre a política externa de Genebra escrito por R. Oresko: "The Question of the Sovereignty of Geneca after the Treaty of Cateau-Cambrésis", em H. Königsberger (ed.), *Republiken und Republikanismus im Europa der Früben Neuzeit* (Munique, Oldenbourg Verlag, 1988).

Quanto ao pensamento político de Calvino, a obra de S. S. Wolin, *Politics and Vision* (Londres, George Allen e Unwin, 1961, cap. 6), é admirável. Para uma discussão mais completa, o leitor é encaminhado a H. M. Höpfl, *The Christian Polity of John Calvin* (Cambridge, Cambridge University Press, 1982), e à bibliografia ali encontrada. O melhor exame do pensamento político dos discípulos de Calvino é o de Q. Skinner, *The Foundations of Modern Political Thought* (Cambridge, Cambridge University Press, 1978).

Para um estudo mais aprofundado dos escritos de Calvino, a melhor compilação em um só volume é a de J. Dillenberger, *John Calvin: Selections from his Writtings* (Garden City, Nova York, Doubleday and Company, 1971), que incluem o *Draft Ecclesiastical Ordinances* de 1541 e seleções de outras obras. Para um estudo mais detalhado da *Instituição da religião cristã* de Calvino, porém, a edição em dois volumes feita por F. L. Battles (trad.) e J. T. McNeill (ed.) – *Institutes of the Christian Religion* (Filadélfia, Library of Christian Classics, 1960), vols. XX e XXI –, com uma longa introdução e abundantes notas de rodapé, é a única tradução completa que atende aos modernos padrões acadêmicos. Como a introdução ao presente volume esclarece, uma compreensão satisfatória do pensamento político de Calvino exige que se dê atenção a seu pensamento eclesiástico; os caps. 1-12 do Liv. IV são os cruciais quanto a esse aspecto.

SOBRE A AUTORIDADE SECULAR

LUTERO: SOBRE A AUTORIDADE SECULAR: ATÉ QUE PONTO SE ESTENDE A OBEDIÊNCIA DEVIDA A ELA?

[Von Willicher Oberkeit]

Nota do tradutor da edição inglesa

As palavras que não se encontram no texto original, mas são necessárias para completar o sentido da frase, são colocadas, nesta edição, entre colchetes. Estes são também usados para indicar as referências bíblicas que, não raro, são imprecisas ou não são fornecidas pelo autor, e para referir os versículos (Lutero e seus contemporâneos não o faziam).

As palavras seguidas por um asterisco são explicadas e discutidas no Glossário.

Os números entre colchetes (por exemplo: [369]) referem-se a páginas da edição Clemen das Luthers Werke.

[360:] Ao ilustre e nobre Príncipe e Senhor, Johann, Duque da Saxônia, Landgrave da Turíngia, Margrave de Meissen, meu gracioso Senhor.

Graça e harmonia em Cristo. A força das circunstâncias e o fato de que muitos me pediram, mas sobretudo os desejos [expressos] de Vossa Alteza, meu mui excelente e nobre príncipe e bondoso Senhor, obrigam-me a escrever mais uma vez sobre a autoridade secular e sua Espada: como se pode fazer um uso cristão da autoridade secular e até que ponto os cristãos lhe devem obediência? O que os perturba [aqueles que me pedem para escrever sobre o assunto] são as palavras de Cristo em Mateus 5 [25.39-40]: "não resistais ao homem mau... mas sede complacente com teu adversário, e àquele que quer tomar-vos a túnica, deixai-lhe também a veste". E na Epístola aos Romanos 12 [19]: "A mim pertence a vingança; eu é que retribuirei, diz o Senhor." São exatamente esses os textos utilizados, há muito tempo, pelo Príncipe Volusiano em objeção a [361:] Santo Agostinho, impugnando a doutrina cristã por dar carta branca aos malfeitores e por ser incompatível com a Espada secular.

Os sofistas nas universidades também encontraram aqui um obstáculo, visto não poderem compatibilizar as duas [a Espada e as palavras de Cristo]. Assim, para não colocar os príncipes inteiramente fora da cristandade[1], eles têm ensinado que essas declarações de Cristo não são mandamentos, mas apenas "conselhos para a perfeição. Em outras palavras, para preservar a posição e a dignidade dos príncipes, Cristo teve de ser apresentado dizendo o que não era nem verdadeiro nem justo. Por serem cegos e desprezíveis sofistas, eles não conseguem exaltar os príncipes sem rebaixar Cristo. Esse erro venenoso agora permeou o mundo todo, e a opinião geral a respeito dessas afirmações de Cristo é que se trata antes de simples conselhos para aqueles que desejam ser perfeitos do que de mandamentos obrigatórios para todos os cristãos. [Os sofistas] chegaram ao ponto de permitir [o uso de] a Espada e a autoridade secular ao *status** "perfeito" dos bispos e até ao "mais perfeito" de todos os *status*, o do papa. Na verdade, eles não apenas concederam-lhes [fazer uso do que propriamente pertence apenas a][2] este "imperfeito" *status* da Espada e da autoridade secular; pelo contrário, eles os atribuíram integralmente ao papa, mais do que a qualquer outro no mundo. O diabo apossou-se completamente dos sofistas e das universidades; eles mesmos não se dão conta do que estão dizendo e ensinando.

Mas minha esperança é a de que eu seja capaz de ensinar aos príncipes e às autoridades seculares como podem permanecer cristãos e ter Cristo como Senhor sem reduzir seus mandamentos a simples

---

[1] Literalmente: transformar os príncipes em pagãos. Os teólogos escolásticos (os "sofistas") por via de regra reconciliavam as estritas palavras de Cristo a que se refere Lutero com as exigências da prática, ao estabelecerem a distinção entre o que era necessário para a "perfeição" e o que era adequado para aqueles menos ambiciosos espiritualmente.

[2] Os hábitos descuidados de expressão de Lutero e o equipamento conceitual obsoleto de *status* (v. Glossário) tornaram necessário um desenvolvimento neste ponto.

"conselhos". E gostaria de realizar [essa tarefa] como um humilde serviço a Vossa Alteza, como algo que todos possam usar, se necessitarem, e para louvor e glória de Cristo nosso Senhor. E recomendo Vossa Alteza e vossa família à graça de Deus, para que tenham sua misericórdia. Amém.

Wittenberg, dia de Ano Novo, 1523
O humilde servo de Vossa Alteza
Martinus Luther

Algum tempo atrás, escrevi um panfleto dirigido à nobreza alemã[3]. Nele, apontei suas tarefas e deveres como cristãos. A atenção que prestaram a ele salta aos olhos para todos verem. Assim, devo dirigir meus esforços em outra direção e escrever, em vez disso, acerca do que eles *não devem* fazer e do que devem *cessar* de fazer. Tenho certeza de que prestarão tão pouca atenção desta vez quanto fizeram em relação a meu último escrito. Que possam por muito tempo permanecer príncipes sem jamais se tornarem cristãos. [362:] Pois Deus Todo-Poderoso tornou loucos os nossos príncipes: eles realmente acreditam que podem ordenar a seus súditos o que quer que desejem e fazer em relação a eles o que bem lhes aprouver. E seus súditos estão igualmente iludidos e acreditam (erroneamente) que devem obedecer-lhes em todas as coisas. Agora se chegou a esse ponto, em que os governantes começaram a ordenar às pessoas que entregassem livros[4] e acreditassem e pensassem como seus governantes lhes dizem. Eles tiveram a temeridade de colocarem-se no lugar de Deus, de tornarem a si mesmos senhores das consciências e da crença[5] e de pretenderem dar lições ao Espírito Santo a partir do que existe em seus cérebros deteriorados. E, depois disso tudo, não permitirão que ninguém ouse lhes revelar [a verdade] e ainda insistem em ser chamados de "meus graciosos Senhores".

---

[3] *An den Christlichen Adel deutscher Nation* [Apelo à nobreza cristã da nação alemã], 1520.

[4] Aqui há uma alusão à exigência de certos governantes católicos de que seus súditos lhes entregassem seus exemplares da tradução da Bíblia para o alemão feita por Lutero.

[5] Ou fé; a palavra alemã *Glaube* tem ambos os sentidos.

Eles elaboram e publicam editos, [simulando que essas] são as decisões do imperador e que eles [próprios] estão meramente agindo na qualidade de obedientes príncipes[6] cristãos do imperador, como se acreditassem seriamente nisso e como se as pessoas fossem incapazes de enxergar através dessa espécie de subterfúgio. Se o imperador fosse retirar deles um de seus castelos ou cidades, ou ordenar qualquer outra coisa que não lhes parecesse justa, logo os veríamos procurar razões pelas quais teriam o direito de resistir e desobedecer a ele. Mas, enquanto for uma questão de atormentar o homem pobre e de submeter a vontade de Deus a seus próprios e arbitrários caprichos, deve ser chamada de "obediência às ordens do imperador". Em tempos idos, pessoas assim teriam o nome de canalhas, mas agora devemos chamá-las de "príncipes cristãos e obedientes". E ainda assim eles não permitirão a ninguém obter um julgamento ou responder a acusações dirigidas contra si, por mais humildemente que se lhes solicite, ainda que eles mesmos considerassem intolerável ser tratados desse modo pelo imperador ou qualquer outra pessoa. São esses os príncipes que governam os territórios alemães do Império[7], e não causa espanto que as coisas estejam em tal estado.

Agora, como o furor desses tolos conduz à destruição da fé cristã, à negação da Palavra Divina e à blasfêmia contra a majestade de Deus, não posso mais permanecer ociosamente à margem e limitar-me a observar meus desgraciosos senhores e furiosos príncipes. Devo resistir a eles, ainda que apenas com palavras. E uma vez que não tive temor de seu ídolo, o papa, quando me ameaçou com a perda do céu e de minha alma, devo mostrar ao mundo que tampouco tenho receio dos lacaios[8] do papa, que me ameaçam [apenas]

---

[6] A frase de Lutero é muito confusa. Do original consta "príncipes cristãos obedientes". O termo *Fürst* usado por Lutero não significa necessariamente um "soberano".

[7] Naquele período, os territórios dependentes (em termos formais ou de fato) do Sagrado Imperador Romano também incluíam terras espanholas, italianas e borgonhesas, bem como da Alemanha e da Áustria. Lutero, portanto, aparentemente está estabelecendo uma distinção.

[8] Literalmente: "suas escamas" (o Diabo era com frequência descrito como estando coberto de escamas ou placas, como um peixe ou um crocodilo; v. a passagem sobre Leviatã em Jó 41, em geral interpretada como referente ao Diabo) "e bolhas d'água":

com a perda de minha vida e meus bens mundanos. Possa Deus deixá-los em fúria até o fim dos tempos[9] e ajudar-nos a sobreviver a suas ameaças. Amém.

1. Nossa tarefa inicial consiste em [encontrar] um firme alicerce para a lei secular e a Espada[10], de modo que remova qualquer possível dúvida quanto a ambas estarem no mundo como resultado da vontade e da providência divinas. As passagens [das Escrituras] que proporcionam esse fundamento são as seguintes: Romanos 12 [na verdade, 13,1-2]: "Todo homem se submeta [363:] ao poder* e à superioridade*. Pois não há poder que não venha de Deus, e o poder que existe por toda a parte é estabelecido por Deus. De modo que aquele que resiste ao poder opõe-se à ordem estabelecida por Deus. Mas quem quer que se oponha à ordem divina atrairá sobre si mesmo a condenação."[11] E também em 1Pedro 2 [13-14]: "Sujeitai-vos a toda a sorte de ordenação humana, seja ao rei, como soberano, seja aos governadores, como enviados por ele, como uma vingança contra os malfeitores e uma recompensa para os justos*."

A Espada e sua lei existiram desde o início do mundo. Quando Caim golpeou seu irmão Abel até matá-lo, ficou aterrorizado porque seria morto pelo que fizera. Mas Deus impôs uma proibição especial, detendo [a punição por] a espada no caso de Caim: ninguém deveria matá-lo. A única razão possível para Caim ter sentido medo é que ele vira e escutara de Adão que os assassinos deveriam ser mortos. Mais ainda, Deus reinstituiu e confirmou [essa ordem] em palavras expressas após o Dilúvio, quando diz em Gênesis 9 [6]: "Quem derrama o sangue do homem, pelo homem terá seu sangue derramado." Isso não pode ser interpretado como uma referência a

---

este é um jogo de palavras do qual *and all his bull*, "todas as suas bulas", poderia ser uma pálida imitação; a palavra latina *bulla* significa literalmente uma bolha, numa referência ao selo do documento. Lutero achou esse trocadilho irresistível.

9 Literalmente: "até os casacos-cinzentos (isto é, os hábitos dos monges) desaparecerem", aparentemente uma expressão idiomática.

10 Quanto ao uso da metáfora da Espada por Lutero, v. Introdução, p. XXIV.

11 *Ordnung* pode significar tanto uma regulamentação quanto uma ordem. A tradução que Lutero aqui oferece desse texto crucial não é a que fez em suas versões posteriores da Bíblia em alemão. A palavra que aqui traduzi como "poder" (*Gewalt*), Lutero traduziu posteriormente como *Oberkeit*; em alemão contemporâneo o termo tornou-se *Obrigkeit*. Cf. Introdução, p. XXII, e Glossário: Poder.

[o próprio] Deus infligindo sofrimento e punição aos assassinos, uma vez que muitos deles, seja porque se arrependem, seja porque recebem perdão, permanecem vivos e morrem [naturalmente] sem a espada. Não: isso se refere à justiça* da Espada: um assassino perde o direito a sua vida, e é de justiça* que ele seja morto pela espada. E se algo impede que a lei* seja cumprida, ou se a espada é morosa e o assassino morre de morte natural, isso não prova que as Escrituras estejam erradas. O que dizem as Escrituras é que todo aquele que derrama o sangue do homem deverá ter seu sangue derramado pelos homens. É culpa dos homens se a lei de Deus não é levada a cabo, assim como se os demais mandamentos de Deus não são obedecidos.

Mais tarde, a Lei de Moisés confirmou essa [ordem]: "Se alguém matar seu vizinho por astúcia, tu o arrancarás até mesmo do meu altar, para que morra" (Ex 21 [14]). E novamente: "Vida por vida, olho por olho, dente por dente, pé por pé, mão por mão, ferimento por ferimento, golpe por golpe." E, mais ainda, Cristo também o confirma quando disse a Pedro no jardim [de Getsêmani, Mt 26,52]: "Todo aquele que empunhar a espada perecerá pela espada", o que deve ser entendido no mesmo sentido de Gênesis 9 [6]: "Quem derrama o sangue do homem, etc."; não há dúvida de que aqui Cristo está invocando aquelas palavras e de que deseja ter esse mandamento introduzido e confirmado [na Nova Aliança]. O mesmo ensina João Batista [Lc 3,14]. Quando os soldados lhe perguntaram o que deveriam fazer, respondeu-lhes: "A ninguém molesteis com violência* ou injustiça e contentai-vos com vosso soldo." Se a Espada não fosse uma ocupação[12] aprovada por Deus, João deveria ter-lhes ordenado que deixassem de ser soldados, até mesmo porque [sua vocação] era tornar as pessoas perfeitas e ensiná-las de um modo verdadeiramente [364:] cristão. Portanto, existem clareza e certeza suficientes quanto ao modo pelo qual a Espada e a lei seculares devem ser empregadas de acordo com a vontade de Deus: para punir os malfeitores e proteger os justos*.

---

[12] Literalmente: *status*, cf. Glossário. Sobre o pensamento de Lutero acerca da moralidade da prática do soldado, cf. por exemplo: *Ob Kriegsleute auch im seeligen Stand sein könnten* [Se também os soldados podem estar em estado de graça], 1526.

2. Mas o que diz Cristo em Mateus 5 [38-39] soa enfaticamente contrário a isso: "Ouvistes o que foi dito a vossos ancestrais: olho por olho, dente por dente. Eu, porém, vos digo: não resistais ao homem mau; antes, àquele que te fere na face direita oferece-lhe também a esquerda; e àquele que quer pleitear contigo, para tomar-te a túnica, deixa-lhe também a veste; e se alguém te obriga a caminhar uma milha, anda com ele duas, etc." No mesmo sentido, na Epístola de Paulo aos Romanos 12 [19]: "Não façais justiça por vossa conta, caríssimos, mas dai lugar à ira de Deus. Pois está escrito: A mim pertence a vingança; eu é que retribuirei, diz o Senhor." E também em Mateus 5 [44]: "Amai vossos inimigos. Fazei bem aos que vos odeiam." E 1Pedro 2 [na verdade, 3,9]: "Ninguém deverá pagar mal por mal, nem injúria por injúria, etc." Estas e outras afirmações da mesma espécie são indisputáveis e soam como se os cristãos na Nova Aliança não devessem ter Espada secular.

É por isso que os sofistas dizem que Cristo aboliu a Lei de Moisés, e por isso fazem de tais ordens [meros] "conselhos de perfeição". Eles dividem, a seguir, a doutrina cristã e a condição* cristã em duas partes. A uma parte chamam "aqueles que são perfeitos", e a esta destinam os "conselhos"; à outra parte denominam "os imperfeitos", e a eles destinam as ordens. Mas isso é pura desfaçatez e obstinação, sem nenhuma sanção das Escrituras. Eles não conseguem perceber que naquele mesmo lugar Cristo impõe seus ensinamentos tão enfaticamente que não admitirá a remoção de nenhuma parte, por menor que seja, e condena ao inferno aqueles que não amam seus inimigos [Mt 5,22 ss.]. Devemos portanto interpretá-lo de outro modo, para que suas palavras continuem a se aplicar a todos, sejam eles "perfeitos" ou "imperfeitos". Pois a perfeição e a imperfeição não são inerentes a obras e não estabelecem nenhuma distinção de condição exterior ou de *status** entre cristãos; são antes inerentes ao coração, à fé, ao amor, de tal modo que todo aquele que acredita mais [firmemente] e tem mais amor, tal pessoa é perfeita, independentemente de ser um homem ou uma mulher, um príncipe ou um camponês, um monge ou um leigo. Pois o amor e a fé não criam dissensões e distinções exteriores.

3. Aqui devemos dividir os filhos de Adão, toda a humanidade, em duas partes: a primeira pertence ao reino* de Deus, a segunda,

ao reino do mundo*. Todos aqueles que acreditam verdadeiramente em Cristo pertencem ao reino de Deus, pois Cristo é rei e senhor no reino de Deus, como proclamam o segundo Salmo [v. 6] e o conjunto das Escrituras. E Cristo veio para dar início ao reino de Deus e estabelecê-lo no mundo. É por isso que ele declarou perante Pilatos [Jo 18,36 ss.]: "Meu reino não é [365:] deste mundo, mas quem é da verdade escuta minha voz", e que, ao longo de todo o Evangelho, ele anuncia o reino de Deus, dizendo [Mt 3,2]: "Arrependei-vos, porque o reino de Deus está próximo"; e também [Mt 6,33]: "Buscai, em primeiro lugar, o reino de Deus e sua justiça." E, com efeito, ele chama ao Evangelho um evangelho do reino de Deus, visto que ensina, orienta e resguarda o reino de Deus.

Ora, tais pessoas não têm necessidade nem da lei* nem da Espada seculares [*weltlich*]*. E se todos no mundo [*Welt*] fossem verdadeiros cristãos, isto é, se todos acreditassem verdadeiramente, tampouco haveria necessidade ou função para príncipes, reis, senhores, a Espada ou a lei. O que lhes caberia fazer? Porquanto [os verdadeiros cristãos] têm o Espírito Santo em seus corações, que os ensina e os leva a amar todas as pessoas, a não tratar ninguém de modo injusto e a suportar prazenteiramente as injúrias, até mesmo a morte. Onde todos os males são tolerados de bom grado e o que é justo* é feito espontaneamente, não existe lugar para contendas, disputas, tribunais, punições, leis ou a Espada. E, portanto, as leis e a Espada secular não podem encontrar absolutamente nenhum emprego entre os cristãos, em especial porque, por si mesmos, eles fazem muito mais do que quaisquer leis ou ensinamentos poderiam exigir. Como diz Paulo em 1Timóteo 1 [9]: "As leis não são destinadas ao justo, mas aos injustos."

Por que deve ser assim? Porque o homem justo [*der Gerechte*], por sua livre vontade, faz tudo e muito mais do que exige qualquer lei* [*Recht*]. Mas os injustos [*Ungerechten*] nada fazem que seja direito [*recht*] e, por conseguinte, têm necessidade das leis para ensiná-los, forçá-los e instigá-los a agir com retidão. Uma boa árvore[13] não precisa de nenhum ensinamento e de nenhuma lei para gerar bons

---

[13] A referência implícita é a parábola em Mateus, 7,18.

frutos; é sua natureza fazê-lo sem ensinamentos ou leis. Um homem teria de ser um idiota para redigir um livro de leis a uma macieira prescrevendo-lhe a produção de maçãs, e não de espinhos, visto que a macieira fará isso naturalmente e muito melhor do que quaisquer leis ou ensinamentos poderiam ordenar. Do mesmo modo, por causa do espírito e da fé, a natureza de todos os cristãos é tal que eles agem bem e com retidão, melhor do que quaisquer leis poderiam ensiná-los, e portanto não têm necessidade de leis para si mesmos.

Vocês poderiam replicar: "Então por que Deus forneceu tantas leis à humanidade e por que motivo Cristo, nos Evangelhos, ensinou-nos tantas coisas sobre o que devemos fazer?" Acerca disso estendi-me detalhadamente em meu "Comentário"[14] e em outros escritos, de modo que apresentarei a questão de maneira bastante sucinta. São Paulo diz que a lei é fornecida por causa do injusto. Em outras palavras, aqueles que não são cristãos são constrangidos pelas leis a absterem-se exteriormente de ações iníquas, como veremos mais adiante. Uma vez, porém, que nenhum homem é por natureza um cristão ou um justo[15], mas são todos maus e pecadores, Deus coloca obstáculos diante de todos eles, por meio da lei, impedindo-os de fazer o que querem e de expressar exteriormente, em ações, sua iniquidade. [366:] E São Paulo atribui outra incumbência à lei[16] em Romanos 7 [7] e Gálatas 2 [na verdade, 3,19.24]: ela ensina como o pecado pode ser reconhecido, de modo que rebaixe o homem no sentido da disposição de aceitar a graça e a fé em Cristo. Cristo ensina a mesma coisa em Mateus 5 [39]: não se deve resistir

---

[14] Isto é, *Sermões sobre o Ano da Igreja*, cf. edição de Weimar, 10:2:152-70.

[15] *Fromm*; cf. Glossário: Justo. Observe-se que aqui o alemão de Lutero é ambíguo, mais do que admitem alguns comentaristas. Ele não afirma que ninguém no mundo é um cristão ou um justo, mas apenas que ninguém o é "naturalmente", o que tanto pode significar que alguns são cristãos e justos, porém exclusivamente pela graça divina, quanto ter o sentido, como prefeririam os comentaristas, de que os cristãos em sua conduta exterior permanecem imperfeitos. Não é absolutamente óbvio que Lutero tivesse em mente esse último sentido, e a falta de clareza é significativa, dadas a divisão anterior, feita por Lutero, da espécie humana em duas partes e sua insistência de que são "os cristãos" – e não os seres humanos, na medida em que se comportam efetivamente como cristãos – que não necessitam da espada ou da lei. Nas páginas logo a seguir, seu objetivo é mostrar a escassez de verdadeiros cristãos.

[16] Aqui e na frase anterior, Lutero parece estar se referindo aos Dez Mandamentos, mas não distinguiu explicitamente entre a lei positiva, feita pelo homem, e a lei divina.

ao mal. Aí ele está explicando a lei e ensinando-nos a natureza de um verdadeiro cristão, como ouviremos mais adiante.

4. Todos aqueles que não são cristãos [no sentido acima referido] pertencem ao reino do mundo* ou [em outras palavras] estão submetidos à lei. São poucos os que acreditam e ainda menor o número daqueles que se comportam como cristãos e se abstêm de praticar o mal [eles próprios], para não mencionar a não resistência ao mal [feito a eles]. E para o restante Deus instituiu outro governo[17], fora do *status** cristão e do reino* de Deus, e lançou-os sob o jugo da Espada. Assim, por muito que apreciassem praticar o mal, encontram-se impossibilitados de agir em concordância com suas inclinações, ou, se o fizerem, não poderão fazê-lo sem medo, ou gozar de tranquilidade e boa fortuna. Do mesmo modo, um animal feroz e perverso é acorrentado e preso para que não possa morder ou dilacerar, como sua natureza o incitaria a fazer, por muito que o deseje; enquanto um animal dócil e pacífico não precisa de nada semelhante a correntes e laços e é inofensivo mesmo sem eles.

Se não existissem [leis e governos], uma vez que o mundo é mau e apenas um ser humano em mil é um verdadeiro cristão, as pessoas se destruiriam umas às outras e ninguém seria capaz de sustentar sua mulher e seus filhos, de se alimentar e de servir a Deus. O mundo* [*Welt*] tornar-se-ia um deserto. E assim Deus instituiu os dois governos*, o [governo] espiritual, que molda os verdadeiros cristãos e as pessoas justas por meio do Espírito Santo sob Cristo, e o governo secular* [*weltlich*], que reprime os maus e os não cristãos e os obriga a conservarem-se exteriormente em paz e a permanecerem quietos, gostem ou não gostem disso. É nesse sentido que São Paulo considera a Espada secular quando diz em Romanos 13 [3]: "Ela [a Espada] não incute medo quando se faz o bem, mas quando se pratica o mal." E Pedro diz [1Pd 2,14]: "É dada como uma punição para os malfeitores."

Vocês imaginam qual seria o resultado se alguém quisesse ter o mundo* governado segundo o Evangelho e abolir a Espada e toda

---

[17] Aqui Lutero faz a distinção entre "reino" (*Reich*) e "governo" (*Regiment*). Quanto ao conteúdo e às implicações de tal distinção, v. Glossário, pp. LV-LVIII.

a lei secular*, com base em todos serem batizados e cristãos e de o Evangelho não admitir o uso da lei ou da espada entre os cristãos, que [de qualquer modo] não necessitam delas? Esse alguém libertaria os animais selvagens de seus laços e correntes e os deixaria maltratar e dilacerar a todos em pedaços, dizendo enquanto isso que na realidade esses animais são coisinhas delicadas, dóceis e meigas. Meus ferimentos, porém, contar-me-iam algo diferente. E desse modo os iníquos, sob a cobertura do nome de cristãos, fariam mau uso da liberdade do Evangelho, colocariam em prática sua iniquidade e proclamar-se-iam cristãos e [portanto] não submetidos a nenhuma lei ou a nenhuma Espada. Alguns deles já estão vociferando coisas assim[18].

[367:] A tal pessoa deve ser dito que sem dúvida é verdade que os cristãos não estão submetidos à lei ou à Espada por sua própria causa, e não necessitam delas. Mas, antes de vocês governarem o mundo de um modo cristão e evangélico, certifiquem-se de que o povoaram com verdadeiros cristãos. E tal coisa vocês jamais farão, porque o mundo e as multidões são não cristãos e permanecerão assim, quer sejam compostos de cristãos batizados e nominais, quer não o sejam. Os cristãos, como se costuma dizer, são poucos e encontrados a largos intervalos, e o mundo não admitirá um governo* cristão presidindo um território ou uma grande multidão, e muito menos a totalidade do mundo. Existe sempre um número muito maior de iníquos do que de homens justos*. Assim, tentar governar toda uma região ou o mundo inteiro por meio do Evangelho é como abrigar no mesmo aprisco lobos, leões, águias e carneiros, permitindo que se associem livremente, e dizer-lhes: alimentem-se e sejam justos e pacíficos; o estábulo não está fechado, existe pastagem em abundância e não há cães ou porretes que precisem temer. Os carneiros certamente conservar-se-iam em paz e se deixariam ser governados e alimentados sossegadamente, mas não sobreviveriam por muito tempo.

---

[18] Trata-se aparentemente de uma referência aos anabatistas. Compare-se com seu *Wider die Himmlischen Propheten* [Contra os profetas celestiais]. Ele faria em seguida praticamente as mesmas denúncias contra os camponeses sublevados. V. *Wider die Räuberischen Mörderischen Rotten* [Contra as hordas de camponeses saqueadores e assassinos], 1525.

Portanto deve-se tomar cuidado em conservar distintos os dois governos* e permitir que ambos continuem [seu trabalho], um para tornar justos* [os homens] e o outro para estabelecer a paz exterior e impedir os delitos. Nenhum deles é suficiente para o mundo sem o outro. Sem o governo espiritual de Cristo, nenhum homem pode se tornar justo aos olhos de Deus [apenas] pelo governo secular. No entanto, o governo espiritual de Cristo não se estende a todos; ao contrário, em todos os tempos os cristãos são os menos numerosos e vivem em meio aos não cristãos. Inversamente, onde o governo secular ou a lei governa por si só, prevalece a hipocrisia pura e simples, ainda que fossem os próprios mandamentos de Deus [que estivessem sendo executados]. Pois ninguém se torna verdadeiramente justo sem o Espírito Santo em seu coração, por melhores que sejam suas ações[19]. Assim também, onde o governo espiritual preside sem auxílio um país ou um povo, toda sorte de iniquidade campeia à solta e toda espécie de velhacaria manifesta-se abertamente. Pois o mundo em geral é incapaz de aceitá-lo ou de compreendê-lo [isto é, o governo espiritual].

Agora vocês podem perceber o alcance das palavras de Cristo que citamos antes a partir de Mateus 5 [39], no sentido de que os cristãos não devem recorrer aos tribunais ou usar a Espada secular entre si mesmos. Na realidade, isso só é dito aos cristãos, que ele ama, e são apenas eles que o aceitam e agem de acordo com isso, em vez de reduzi-lo a meros "conselhos", como os sofistas. Ao contrário, é tal o caráter que o Espírito Santo conferiu a seus corações que eles não fazem mal a ninguém, mas antes o suportam de bom grado nas mãos de qualquer outra pessoa. Ora, se o mundo inteiro fosse cristão, tais palavras se aplicariam a todos e todos agiriam de acordo com elas. Mas, uma vez que existem não cristãos, as palavras nada têm a ver com eles, que tampouco as seguem. Eles pertencem, em vez disso, ao outro governo [isto é, o secular], mediante o qual os

---

[19] Aqui há uma referência à doutrina central de Lutero, de justificação exclusivamente pela fé: tamanha é a depravação do homem desde a Queda que nenhum ser humano pode comportar-se tão corretamente e desejar o que é justo por seus próprios e desamparados esforços (obras) a ponto de merecer por direito a recompensa de Deus. Cf. *Von den Guten Werken* [Sobre as boas obras], 1520.

não cristãos são exteriormente constrangidos e obrigados a se comportar bem e pacificamente.

[368:] Pela mesma razão, Cristo não trouxe consigo a Espada [em pessoa] ou a instituiu em seu reino: ele reina sobre os cristãos e governa exclusivamente por seu Espírito Santo, sem nenhuma lei. E, ainda que ele confirmasse [a legitimidade de] a Espada, ele próprio não a empregou, pois ela não favorece seu reino, que não contém senão os justos. É pela mesma razão que nos dias antigos Davi não teve permissão para construir o Templo, pois ele havia empunhado a Espada e derramado muito sangue. Não que com isso tivesse cometido injustiças, mas ele não podia prefigurar Cristo, que terá um reino pacífico sem a Espada. Em vez dele, Salomão teve de fazê-lo – "Salomão" em alemão significa sereno, pacífico[20] –, pois Salomão teve um reinado pacífico, que portanto podia ser o emblema do reino pleno de serenidade de Cristo, o verdadeiro Salomão. E também, dizem as Escrituras, durante todo o período em que o Templo era construído, não se escutou o som de instrumentos de ferro; tudo isso porque Cristo queria um povo livre e voluntário, sem coerção ou constrangimento, lei ou Espada [1Rs 6,7].

É esse o significado do que dizem os profetas: Salmo 109 [possivelmente Salmo 110,3]: "Teu povo será aqueles que são generosos", e Isaías 11 [9]: "Ninguém matará ou fará mal algum em todo o meu santo monte" (em outras palavras, a Igreja). E Isaías 2 [4]: "Eles transformarão suas espadas em relhas de arado e suas lanças em podadeiras; e nenhuma nação levantará a espada contra outra; nem se aprenderá mais a fazer guerra, etc." Aqueles desejosos de estender o significado deste e de outros ensinamentos similares para fazê-los recobrir todos os que se dizem cristãos estariam pervertendo [o significado de] as Escrituras, pois essas coisas se dizem apenas dos verdadeiros cristãos, que de fato agem desse modo entre si.

5. Aqui vocês objetarão: visto que os cristãos não necessitam nem da Espada secular nem da lei, por que motivo Paulo diz a todos os

[20] Lutero refere-se aqui, por implicação, ao fato de que etimologicamente o nome próprio alemão Friedrich é idêntico ao nome hebraico Salomão. Uma vez que a referência é intraduzível, eu a suprimi. Suspeito tratar-se de uma alusão lisonjeira a Frederico, o Sábio, Eleitor da Saxônia e protetor de Lutero.

cristãos em Romanos 13 [1]: "Todo homem se submeta ao poder* e à superioridade*"?[21] E São Pedro [1Pd 2,13]: "Sujeitai-vos a toda a sorte de instituição humana, etc.", como citados acima? Minha resposta é a seguinte: já declarei que os cristãos, entre si e para si mesmos, não necessitam de nenhuma lei e de nenhuma Espada, pois não têm emprego para elas. Mas como um verdadeiro cristão, enquanto se encontra sobre a terra, vive para seu próximo e o serve, e não para si mesmo, faz coisas que não são em seu próprio benefício, mas das quais seu vizinho tem necessidade. Tal é a natureza do espírito cristão. Ora, a Espada é indispensável ao mundo inteiro, para preservar a paz, punir o pecado e refrear os iníquos. E portanto os cristãos prontamente se submetem a ser governados pela Espada, pagam impostos, respeitam os que estão investidos de autoridade*, servem-nos, auxiliam-nos e fazem o possível para sustentar-lhes o poder, de modo que estes possam prosseguir com seu trabalho e possam ser preservados o temor e a reverência diante da autoridade. [Tudo isso] ainda que os cristãos não o necessitem para si mesmos [369:]; mas eles cuidam daquilo de que os outros necessitam, como ensina Paulo em Efésios 5 [21].

Do mesmo modo, o cristão executa toda a sorte de obra de amor sem que ele próprio tenha necessidade delas. Visita os doentes, mas não para curar-se. Não alimenta os outros porque necessite de alimento para si mesmo. Nem serve a autoridade* porque tenha precisão disso, mas porque os outros a têm, de modo que estes possam gozar de proteção e que os malfeitores não se tornem ainda piores. Um tal serviço* não o prejudica e ele não fica diminuído ao fazê-lo, mas o mundo se beneficia enormemente. Omitir-se de fazê-lo não seria o procedimento de um cristão; seria o oposto do [dever cristão de] amor e daria um mau exemplo [aos não cristãos]: embora não sejam cristãos, também eles recusariam submeter-se à autoridade. E tudo isso daria má reputação ao Evangelho, como se ele pregasse a rebelião e produzisse pessoas egoístas, sem vontade de ser úteis e prestimosas aos demais, ao passo que o Evangelho faz do cristão alguém devotado a todos. Assim, em Mateus 17 [27], Cristo

[21] Cf. nota 11.

pagou o tributo para não provocar escândalo, embora não tivesse necessidade de fazê-lo.

De fato, nas palavras de Mateus 5 [39] citadas acima, vocês efetivamente encontram Cristo ensinando que aqueles que são dele não devem ter lei ou Espada secular entre si mesmos. Mas ele não os proíbe de servirem e de se submeterem àqueles que de fato detêm a Espada secular e as leis. Ao contrário, precisamente porque vocês não necessitam dela e não devem tê-la, devem servir àqueles que não alcançaram o mesmo nível [espiritual] em que vocês se encontram e que ainda necessitam dela. Embora vocês próprios não precisem de que seu inimigo seja punido, seu vizinho vulnerável precisa, e vocês devem ajudá-lo a gozar de tranquilidade e tratar de fazer com que os inimigos dele sejam reprimidos. E isso não pode acontecer a menos que o poder* e os superiores* sejam vistos com reverência e temor. As palavras de Cristo *não* são: vocês não devem servir o poder nem se submeter a ele, mas antes: "não resistais ao homem mau", como que para dizer: vocês devem conduzir-se de maneira que suportem todas as coisas e assim não tenham necessidade de que os detentores do poder* os auxiliem, os sirvam ou lhes sejam úteis; ao contrário, *vocês* devem ajudá-los, servi-los e ser indispensáveis a eles. Farei com que vocês sejam de uma condição a tal ponto nobre e honrosa que não precisarão deles; antes, eles é que precisarão de vocês.

6. Vocês perguntam se um cristão pode chegar a empunhar a Espada secular e [ele mesmo] punir os malfeitores, visto que as palavras de Cristo "Não resistais ao homem mau" parecem tão claras e peremptórias que os sofistas tiveram de diluí-las num mero "conselho". A resposta é: vocês ouviram agora duas coisas [contraditórias]. Uma é que não pode haver Espada entre os cristãos. E portanto vocês não podem brandir a Espada sobre ou entre os cristãos. Assim, nesse contexto, a pergunta é irrelevante; deve-se perguntar, em vez disso, em relação ao outro grupo [dos não cristãos]: pode-se fazer um uso cristão da Espada, no que lhes diz respeito? É aqui [370:] que se aplica a segunda parte [do que eu disse], aquela que afirma que vocês devem à Espada seu serviço e seu apoio por todos os meios que estejam a seu alcance, seja com seu corpo, seus bens,

sua honra e sua alma. Pois essa é uma tarefa da qual vocês mesmos não têm necessidade, mas seu próximo e o mundo inteiro a têm com toda a certeza. E portanto, se vocês perceberem que há falta de carrascos, oficiais de justiça, juízes, senhores ou príncipes, e julgarem ter vocês as qualificações necessárias, devem oferecer seus serviços e buscar um cargo, de tal modo que a autoridade*, tão necessitada, jamais venha a ser vista com desprezo, torne-se impotente ou pereça. O mundo não pode sobreviver sem ela.

Como isso resolve a dificuldade? Da seguinte maneira: todas as ações desse gênero deveriam ser devotadas exclusivamente ao serviço* dos outros; elas deveriam beneficiar apenas a seu próximo, e não a vocês, sua honra e possessões. Vocês não estariam buscando vingança [para si mesmos], não estariam pagando o mal com o mal, mas antes estariam buscando o bem de seu próximo, a preservação, proteção e tranquilidade dos demais. No que diz respeito a vocês e a seus bens materiais, permaneçam fiéis ao Evangelho e ajam de acordo com a palavra de Cristo; ofereçam de bom grado a outra face e entreguem a veste juntamente com a túnica, quando são vocês e seus bens que se encontram envolvidos. E assim as duas partes são rigorosamente reconciliadas: vocês satisfazem ao mesmo tempo, exteriormente e interiormente, as exigências do mundo e do reino* de Deus; vocês suportam o mal e a injustiça e no entanto os punem; não resistem ao homem mau e no entanto o enfrentam. Pois vocês cuidam de um determinado modo de si mesmos e do que é seu, e de outra maneira do seu vizinho e daquilo que lhe pertence. Em relação a vocês e aos seus, vocês cumprem o Evangelho e aceitam a injustiça como um verdadeiro cristão. Mas, onde seu próximo e o que é dele estiverem envolvidos, vocês agem em consonância com a [ordem de] amor e não toleram nenhuma injustiça contra ele. E isso não é proibido pelo Evangelho; ao contrário, o Evangelho o ordena alhures [cf. Rm 13,4].

É desse modo que, desde o início do mundo, todos os santos empunharam a Espada: Adão e seus descendentes, Abraão quando salvou Lot, filho de seu irmão, e matou os quatro reis (Gn 14 [13-16]) – e existe alguma dúvida de que Abraão simbolize todo o Evangelho? Foi desse modo que o santo profeta Samuel matou o rei Agag

(1Sm 15 [32 ss.]), e Elias, os profetas de Baal (1Rs 18 [40]). E Moisés, Josué, os Filhos de Israel, Sansão, Davi, todos os reis e príncipes do Velho Testamento agiram do mesmo modo. O mesmo fizeram, na Babilônia, Daniel e seus companheiros Ananias, Azarias e Misael; o mesmo fez José no Egito, e assim por diante.

Alguns aqui afirmariam que a Antiga Aliança está abolida e não é mais válida e que, portanto, não faz sentido repetir aos cristãos esses exemplos. Não é assim. Pois São Paulo diz em 1Coríntios 10 [3]: "Eles comeram o mesmo alimento espiritual que nós comemos, e beberam a mesma bebida espiritual da rocha que é Cristo." Ou seja, eles tinham o mesmo espírito e fé em Cristo que nós temos [371:], e eram tão cristãos quanto nós somos. E o que era correto a eles fazerem é justo a todos os cristãos, do início ao fim do mundo. Pois o tempo e mudanças exteriores não fazem diferença entre os cristãos. Nem é verdade que a Antiga Aliança tenha sido abolida, de modo que não seja preciso conservar-se fiel a ela ou que seja errôneo obedecer a ela – um ponto no qual São Jerônimo e muitos outros cometeram um engano. Antes, é esse o modo segundo o qual a Antiga Aliança foi abolida: fazer ou deixar de fazer são entregues à vontade livre, e não mais obrigam, como faziam anteriormente, sob pena de perdermos nossas almas.

Isso porque São Paulo diz em 1Coríntios 7 [19] e Gálatas 6 [15]: "A incircuncisão nada é, e a circuncisão nada é; antes, uma nova criatura em Cristo." Ou seja, não é pecado ser incircunciso, [ao contrário do que] pensavam os judeus, nem é pecado ser circunciso, como acreditavam os pagãos, mas ambos os estados são igualmente bons e igualmente deixados a nosso critério, desde que aquele que assim proceda não imagine que se tornará justo* ou será salvo por isso. O mesmo se aplica a todas as outras partes da Antiga Aliança: não é errado deixar de fazer nem errado fazer, mas tudo é deixado como livre e bom, para ser feito ou ser omitido. E, de fato, se fosse uma questão daquilo que é necessário ou proveitoso para a salvação da alma de nosso próximo, seria obrigatório guardar todos os mandamentos. Todos têm o dever de fazer o que seja necessário por seu próximo, sem levar em conta se é algo pertencente à Antiga ou à Nova Aliança, independentemente de ser algo judaico ou pagão, como esclarece São Paulo em 1Coríntios 12 [13]: "O amor penetra tudo e transcende tudo, e olha apenas para a necessidade e o benefício dos outros, mas não indaga se é algo velho ou novo." O mesmo vale para os exemplos do [uso da] Espada. Vocês são livres para segui-los ou não. Mas, quando virem seu próximo em precisão, o amor os obriga a fazer o que em outras circunstâncias seria deixado livre para ser feito ou ser omitido. Apenas não imaginem que suas ações os tornarão justos ou os salvarão, como os judeus tiveram a audácia de pensar; antes, deixem isso a cargo da fé, que os transforma em uma nova criação sem necessidade de obras[22].

No entanto, para provar minha tese também a partir do Novo Testamento, podemos nos basear em João Batista (Lc 3 [15]), cujo dever era sem dúvida dar testemunho de Cristo, anunciá-lo e mostrá-lo. Isto é, sua doutrina deveria ser evangélica, o Novo Testamento em sua pureza, e ele deveria conduzir a Cristo pessoas perfeitas. João confirma o ofício do soldado, dizendo que eles deveriam se contentar com seu pagamento. Se não fosse cristão brandir a espada, ele deveria puni-los e dizer-lhes para lançar fora tanto suas espadas quanto seus soldos; do contrário, não estaria ensinando-lhes o que é digno para os cristãos. E, quando São Pedro em Atos dos Apóstolos 10 [34 ss.] estava ensinando a Cornelius acerca de Cristo, não lhe disse para abandonar seu ofício, como deveria ter feito se este tivesse sido um empecilho para Cornelius [atingir] o *status** de cristão. [372:] Mais ainda, antes de [Cornelius] ser batizado [At 10,44], o Espírito Santo desceu sobre ele. E São Lucas louvou-o como um homem justo [At 10,2] antes de Pedro doutriná-lo e nele não encontrou mácula por ser ele um comandante de soldados e um centurião do imperador pagão. O que era correto para o Espírito Santo deixar imutável e impune no caso de Cornelius é igualmente correto para nós.

O mesmo exemplo nos é dado pelo eunuco etíope, um capitão, em Atos 8 [27 ss.], a quem o evangelista Filipe converteu e batizou e em seguida permitiu que conservasse seu cargo e voltasse para casa. [O etíope] dificilmente poderia ter mantido um cargo tão im-

---

[22] Cf. nota 19.

portante sob as ordens da rainha da Etiópia sem empunhar a espada. Isso também aconteceu no caso do governador de Chipre, Sergius Paulus (At. 13 [7,12]), a quem São Paulo converteu e no entanto permitiu que permanecesse governador, entre e sobre os pagãos. E o mesmo foi feito por muitos mártires santificados, que eram obedientes ao imperador pagão de Roma, entravam em batalha sob suas ordens e sem dúvida matavam pessoas para conservar a paz, como está escrito sobre São Maurício, Santo Acácio e São Gereão e muitos outros sob o comando do imperador Juliano [o Apóstata][23].

Porém, mais importante do que todos esses exemplos é o texto enérgico e direto (Rm 13 [1]), onde São Paulo diz: "O poder* é a ordenação de Deus." E mais adiante: "Não é debalde que aqueles no poder trazem a espada. Pois o poder é a serva de Deus, seu vingador para teu bem contra aquele que faz o mal" [Rm 13,4]. Meus caros irmãos, não ousem dizer que o cristão não deve fazer o que na realidade é a própria obra de Deus, por ele ordenada e criada. Pois nesse caso também seria preciso afirmar que o cristão não deve comer, beber ou se casar, uma vez que estas são igualmente obras e determinações de Deus. E por serem criações divinas elas são boas, e é igualmente benéfico para todos fazer delas um uso cristão, como ensina São Paulo em 2Timóteo 4 [4]: "Tudo criado por Deus é bom e não deve ser rejeitado pelos fiéis e por aqueles que reconhecem a verdade." E vocês devem incluir, entre as coisas criadas por Deus, não apenas a comida e a bebida, as roupas e os sapatos, mas também o poder e a subordinação, a proteção e a punição.

Portanto, para resumir uma longa história: uma vez que São Paulo afirma que o poder é a serva de Deus, seu uso deve ser permitido não apenas aos pagãos, mas a toda a humanidade. Pois qual pode ser o sentido de afirmar que o poder é a serva de Deus, a não ser o de que é, por natureza, algo que pode ser usado para servir a Deus? Seria totalmente não cristão dizer que existe alguma coisa que serve a Deus e que não obstante um cristão não deve fazer, pois não existe ninguém mais qualificado para servir a Deus do que um cristão. Do mesmo modo, é correto e necessário que todos os prín-

---

[23] Lutero aqui está recorrendo a exemplos tirados das lendas populares da Velha Igreja.

cipes [373:] sejam bons cristãos. A Espada e o poder, como um serviço* especial prestado a Deus, são mais adequados para os cristãos do que para qualquer outra pessoa no mundo, e por conseguinte vocês devem estimar a Espada e o poder tanto quanto o estado de casado, o cultivo do solo ou qualquer outra ocupação instituída por Deus. Assim como um homem pode servir a Deus na condição de esposo, na agricultura ou no trabalho manual, em benefício de seu próximo – e com efeito deve fazê-lo, se a necessidade de seu próximo o exigir –, ele também pode servir a Deus pelo [exercício do] poder, e tem obrigação de fazê-lo quando seu próximo tiver necessidade disso. Pois são esses os servos e trabalhadores de Deus, que punem o mal e protegem o que é bom. Todavia, isso deve permanecer na esfera do livre-arbítrio sempre que não haja [absoluta] necessidade, assim como contrair matrimônio e dedicar-se à agricultura também são deixados ao critério das pessoas, sempre que não haja [absoluta] necessidade.

Se então vocês perguntarem por que Cristo e os Apóstolos não exerceram o poder, minha resposta será: por que [Cristo] não teve uma esposa, ou não se tornou um sapateiro ou um alfaiate? Devemos concluir que uma condição* ou ocupação* não é boa simplesmente porque o próprio Cristo não a teve? Nesse caso, o que aconteceria a todos os *status* e ocupações, exceto o de pregador, uma vez que esse foi o único que ele exerceu? Cristo ocupou o cargo e o *status** adequados a ele, mas ao fazê-lo não rejeitou nenhum outro. Empunhar a Espada não era apropriado para ele, pois seu único ofício deveria ser o de governar seu reino e tudo o que servisse exclusivamente a esse reino. E não dizia respeito a sua realeza* tornar-se marido, sapateiro, alfaiate, lavrador, príncipe, carrasco ou porta-maça; tampouco empunhar a Espada ou [criar] leis seculares; tudo o que dizia respeito a sua realeza era a Palavra de Deus e o espírito pelos quais os seus são governados interiormente. E o cargo que ele ocupava então e que continua a ocupar é sempre conferido pelo espírito e pela Palavra de Deus. E os apóstolos e todos os governantes espirituais deveriam sucedê-lo nesse cargo. Aquela obra, a obra da Espada espiritual, a Palavra de Deus, dar-lhes-á tanto que fazer, se pretenderem fazê-lo adequadamente, que eles terão de negligenciar a Espada secular e deixá-la para outros que não têm de encarregar-se da prédica, ainda que fazê-lo não seja incompatível com seu *status*[24], como se afirmou. Pois cada um deve cuidar de sua própria vocação* e de seu próprio mister.

E assim, embora o próprio Cristo não tenha empunhado ou ensinado[25] a Espada, é suficiente que ele não a tenha proibido ou eliminado, mas antes a confirmasse, assim como é suficiente que ele não tenha abolido o estado conjugal mas o confirmasse, embora ele próprio não tivesse se casado e não tivesse ensinado nada sobre esse estado. Isso porque a tarefa condizente com seu *status** era a de dedicar-se por inteiro à obra que servia especificamente a seu reino e a nada mais, de modo que impedisse que seu exemplo fosse tratado como uma razão obrigatória para o ensino e a crença em que o reino de Deus não pode continuar sem o casamento ou a Espada [374:] ou outras coisas exteriores desse teor, ao passo que esse reino subsiste exclusivamente pelo espírito e pela Palavra de Deus. (Pois o exemplo de Cristo compele à imitação.) O próprio ofício* de Cristo era e tinha de ser o de mais alto soberano nesse mesmo reino. E, uma vez que nem todos os cristãos têm o mesmo ofício (embora pudessem tê-lo), é justo e adequado que eles tenham algum outro [ofício] exterior, mediante o qual Deus também possa ser servido.

Segue-se de tudo isso que a interpretação correta das palavras de Cristo em Mateus 5 [39] – "Não resistais ao homem mau, etc." – é a de que os cristãos devem ser capazes de suportar todo mal e toda injustiça sem buscar vingança para si mesmos e sem tampouco recorrer aos tribunais em defesa própria. Ao contrário, eles não demandarão da autoridade temporal e das leis [*Recht*]* absolutamente nada para si mesmos. Podem, porém, buscar retribuição, justiça [*Recht*], proteção e auxílio para os outros e fazer tudo aquilo que

---

24 Aqui o texto de Lutero é uma elipse destruidora do sentido. Creio que ele queria dizer algo como: "Exercer a autoridade secular não constitui algo contra o *status* do pastor como cristão, mas é algo contra sua vocação. Pois..."

25 Penso que isso significa: "ou ensinado outras pessoas a exercer a autoridade coercitiva". Observe-se como no pensamento de Lutero a Espada metafórica tornou-se completamente dissociada da espada física.

queiram para alcançar essa finalidade. E aqueles no poder*, por sua vez, devem ajudá-los e protegê-los, por iniciativa própria ou por ordem de outrem, ainda que os cristãos não apresentem queixas ou petições nem instituam processos judiciais. Onde quer que [as autoridades seculares] deixem de fazê-lo, o cristão deve permitir que ele próprio sofra abusos e maus-tratos e não deve resistir ao mal, justamente como ensina a Palavra de Cristo.

Mas vocês podem ter certeza de uma coisa: esse ensinamento de Cristo não é uma "recomendação para os perfeitos", como sustentam nossos sofistas blasfemos e mentirosos, mas uma prescrição estrita para todo cristão. E fiquem certos de que aqueles que buscam a vingança e entram em litígio e disputam nos tribunais por seus bens e honrarias não passam de pagãos ostentando o nome de cristãos, e jamais serão alguma outra coisa. Não prestem atenção à maneira das pessoas e ao que elas fazem usualmente. Não se enganem quanto a isso: existem poucos cristãos sobre a face da terra. E a ordem de Deus é uma coisa diferente daquilo que é usualmente feito.

Vocês aqui podem perceber que Cristo não aboliu a Lei quando falou: "Ouvistes o que foi dito a vossos ancestrais: olho por olho. Eu, porém, vos digo: não resistais ao homem mau, etc." [Mt 5,38 ss.]. Ele está antes interpretando o significado da Lei e nos contando como esta deve ser entendida, como se dissesse: vocês, judeus, pensam que é correto e adequado aos olhos de Deus que recuperem o que é seu mediante [o recurso a] a lei, e baseiam-se em Moisés dizendo "olho por olho, etc.". Mas eu lhes digo que Moisés pronunciou essa lei por causa dos iníquos, daqueles que não pertencem ao reino de Deus, para impedi-los de buscar eles próprios a vingança ou de fazer ainda pior. Por intermédio de uma tal lei imposta do exterior, eles seriam compelidos a abster-se do mal, sendo ainda tolhidos pela lei e governo exteriores e submetidos à autoridade*. Mas vocês devem conduzir-se de modo que jamais necessitem ou busquem uma tal lei. Pois ainda que a autoridade secular deva ter essa espécie de leis, para julgar os descrentes, e ainda que vocês próprios possam fazer uso delas, para trazer justiça aos demais, mesmo assim, para si mesmos e em seus próprios assuntos, não devem [375:] recorrer a elas ou utilizá-las, pois vocês têm o reino do céu e devem deixar o reino terreno [*Erdreich*] para aqueles que o recebem de vocês.

Vocês percebem, então, que Cristo não interpretou suas [próprias] palavras como se abolissem a Lei de Moisés ou proibissem a autoridade secular. Antes, ele retirou do alcance desta última aqueles que são seus, de modo que dela não fizessem uso para si próprios, mas a deixassem para os descrentes, de quem eles com efeito podem tratar por meio de tais leis, uma vez que os não cristãos efetivamente existem e ninguém pode se tornar um cristão verdadeiro pela coerção. Torna-se claro, porém, que as palavras de Cristo são dirigidas exclusivamente aos seus, quando ele diz pouco adiante que eles devem amar seus inimigos e ser perfeitos, assim como seu pai celestial é perfeito [Mt 5,44.48]. Todavia, um homem que é perfeito e ama seu inimigo deixa a lei para trás: não necessita desta para cobrar olho por olho. Mas ele tampouco estorva os não cristãos, que não amam seu inimigo e efetivamente querem utilizar a lei; ao contrário, o cristão auxilia a justiça a capturar os maus, para impedi-los de cometer atos ainda piores.

Em minha opinião, é esta a maneira segundo a qual as palavras de Cristo se reconciliam com os textos que instituem a Espada. O que elas significam é que os cristãos não devem empregar a Espada ou a ela apelar para si mesmos e em seu próprio interesse. Mas podem e devem usá-la e apelar a ela no interesse dos outros, de modo que o mal possa ser impedido e se confirme a justiça. É exatamente nesse sentido que o Senhor diz, no mesmo trecho, que os cristãos não deverão prestar juramentos e que sua fala deve ser sim, sim e não, não [Mt 5,34 ss.]. Em outras palavras, eles não devem jurar em seu próprio nome ou por sua própria iniciativa e inclinação. Mas, quando a necessidade, o benefício e a salvação [de outros] ou a glória de Deus assim o exigirem, eles devem prestar juramento. Para ajudar os outros, eles fazem uso do juramento proibido [em outras circunstâncias], precisamente do mesmo modo pelo qual usam a espada proibida. Com efeito, os próprios Cristo e Paulo com frequência prestam juramento com o objetivo de tornar seu ensinamento e testemunho benéficos e dignos de crédito para a humanidade – assim como as pessoas fazem, e estão autorizadas a fazê-lo, no caso daqueles tratados e acordos de que fala o Salmo 62 [na verdade, 63 v. 12]: "São louvados aqueles que juram pelo nome dele."

Coloca-se ainda uma questão, a de saber se os porta-maças, carrascos, juristas, advogados e todo o restante dessa espécie podem ser cristãos e em estado* de graça. A resposta é que, se o governo [*die Gewalt*]* e a Espada servem a Deus, como foi mostrado acima, então tudo de que o governo necessita para empunhar a Espada constitui igualmente um serviço a Deus. Tem de haver alguém encarregado de capturar os maus, acusá-los e executá-los, e de proteger, inocentar, defender e salvar os homens bons. E, portanto, se a intenção daqueles que desempenham essas tarefas não é a de buscar seu próprio benefício, mas apenas a de contribuir para afirmar as leis e as autoridades de modo que reprimam os maus, não haverá risco para eles nessas tarefas e poderão desempenhá-las como a qualquer outro ofício [376:] e tirar disso seu sustento. Como já se disse antes, o amor ao próximo não leva em conta a pessoa nem considera se o que deve ser feito é importante ou trivial, desde que seja para o bem do próximo ou da comunidade*[26].

Finalmente, vocês poderiam perguntar: será que eu não poderia usar a Espada para mim mesmo e meus próprios interesses, desde que não tenha em vista beneficiar-me, mas simplesmente pretenda que o mal seja punido? Minha resposta é que um tal milagre não é impossível, mas é muito incomum e perigoso[27]. Pode acontecer onde o Espírito estiver presente em sua plenitude. Com efeito, lemos em Juízes 15 [11] que Sansão declarou: "Assim como me fizeram, eu lhes fiz também." Mas Provérbios 24 [29] se pronuncia contra isso: "Não digas: segundo me fez, assim lhe farei." E também Provérbios 20 [22]: "Não digas: vingar-me-ei do mal." Sansão foi incumbido por Deus de flagelar os filisteus e salvar os filhos de Israel. E, ainda que utilizasse seus interesses particulares como um pretexto para declarar-lhes guerra, apesar disso não o fez para se vingar ou bus-

---

[26] *Gemeine* (= *Gemeinde*), o termo genérico de Lutero para uma coletividade humana, seja esta uma congregação, uma paróquia, uma cidade ou um território politicamente organizado.

[27] Outra frase confusa. O significado, imagino, é: tal coisa não é impossível, mas tão rara a ponto de ser quase um milagre, e além disso é perigoso agir desse modo.

cando vantagens próprias, mas para auxiliar [os israelitas] e punir os filisteus. Todavia, ninguém pode seguir esse precedente, a menos que seja um verdadeiro cristão, preenchido pelo Espírito [Santo]. Onde quer que a razão [humana comum] queira fazer o mesmo, ela sem dúvida alegará que não está buscando seu próprio benefício, mas a afirmação será falsa de alto a baixo. Tal coisa é impossível sem a graça. Portanto, se vocês quiserem agir como Sansão, tornem-se primeiro semelhantes a Sansão.

Segunda Parte

Até onde se estende a autoridade secular

Chegamos agora à parte principal deste sermão. Aprendemos que nesta terra deve haver autoridade secular e como se pode fazer dela um uso benéfico e cristão. Agora, devemos estabelecer quão longo é o alcance dessa autoridade, até onde pode estender seu braço sem ultrapassar seus limites e invadir o governo e o reino* de Deus. Trata-se de algo acerca do que devemos ter muita clareza. Quando é dada excessiva liberdade de ação [ao governo secular], o dano que disso resulta é insuportável e revoltante, mas tê-la confinada em limites demasiado estreitos também se mostra prejudicial. No primeiro caso há punição excessiva, e no outro, insuficiente. É mais tolerável, porém, errar no segundo caso: é sempre melhor um patife conservar a vida do que um homem justo* ser morto. Existem sempre patifes no mundo, e sempre existirão, mas há poucos homens justos.

[377:] O primeiro ponto a ser notado é que as duas partes em que se dividem os filhos de Adão (como dissemos acima), uma o reino de Deus* sob Cristo, a outra o reino do mundo* sob a autoridade* [secular], têm cada uma sua própria espécie de lei*. A experiência cotidiana mostra-nos suficientemente que cada reino deve ter suas próprias leis e que nenhum reino ou governo pode sobreviver sem lei. O governo secular tem leis que não se estendem além do corpo, dos bens e das questões exteriores, terrenas*. Todavia, no que diz respeito à alma, Deus não pode e não quer permitir que nenhum outro governe além dele mesmo. E assim, onde a autoridade secular toma a seu cargo legislar em relação à alma, ela invade [o que pertence a] o governo de Deus e simplesmente seduz e faz perder as almas. Pretendo tornar esse ponto tão claro, tão sem ambiguidade, que ninguém possa deixar de apreendê-lo, para que nossos senhores, os príncipes e bispos possam perceber a loucura de tentar compelir à crença nisto ou naquilo por meio de leis e ordens.

Se alguém impuser às almas uma lei feita pelo homem, obrigando à crença no que esse alguém quer que se acredite, provavelmente não haverá palavra de Deus para justificá-lo[28]. Se não existir nada na Palavra de Deus quanto a isso, será duvidoso se é isso o que Deus quer. Se ele mesmo não ordenou alguma coisa, não há meio de estabelecer que esta lhe seja agradável. Ou, antes, podemos estar certos de que não lhe é agradável, pois ele quer que nossa fé se baseie exclusivamente em sua divina Palavra; como ele afirma em Mateus 18 [na verdade, 16,18]: "Sobre esta pedra edificarei minha igreja."[29] E também em João 10 [27]: "Minhas ovelhas escutam minha voz e me conhecem, mas não escutam a voz dos estranhos e fogem deles." Segue-se disso que, com suas ordens blasfemas, a autoridade secular lança as almas na danação eterna. Pois isso significa obrigar as pessoas a acreditar que algo com certeza agradará a Deus, quando isso não é absolutamente certo; ao contrário, é certo que desagrada a Deus, uma vez que não existe [texto no] Verbo de Deus para sancioná-lo. Pois quem quer que acredite que algo seja correto quando de fato é errado ou duvidoso nega a verdade, que é o próprio Deus, e crê em mentiras e erros...[30]

---

[28] "Para justificá-lo" (*to justify it*) é a minha tradução, deliberadamente ambígua, do casual "da" (lá) utilizado por Lutero, que pode significar "uma tal crença". Ou então Lutero poderia ter em mente (como acredito que tivesse) que as pessoas vão impor crenças apenas quando não puderem encontrar sanção nas Escrituras para a crença em questão. Seja como for, Lutero está equivocado quanto ao problema da legitimidade de se compelir profissões de fé em assuntos sobre os quais as Escrituras *não* são ambíguas.

[29] Esse texto (para o qual Lutero, significativamente, forneceu a referência errada) é o *locus classicus* para afirmar a autoridade papal – e Lutero está deliberadamente voltando-o em outra direção. Segundo essa interpretação, a "pedra" deve ser entendida como a fé, e não Pedro, como o texto parece dizer. Em grego e hebreu, as palavras para "Pedro" e "pedra" são idênticas, e em latim quase idênticas.

[30] O texto continua pleonasticamente: "sustentando ser direito [ou justo] o que é errado [ou injusto, *unrecht*]".

Portanto, é absoluta loucura eles nos ordenarem que acreditemos na Igreja, nos Padres [da Igreja] e nos Concílios mesmo que não exista Palavra [expressa] de Deus [quanto ao que nos dizem para acreditar]. São os apóstolos do demônio, e não a Igreja, que divulgam essa espécie de ordem. A Igreja não exige nada, à exceção do que é certo segundo a Palavra de Deus. Como diz São Pedro [1Pd 4,11]: "Se alguém fala, faça-o como se pronunciasse oráculos de Deus." Mas eles jamais serão capazes de mostrar que os decretos dos Concílios são o Verbo de Deus. E o que é ainda mais ridículo é quando se argumenta que, afinal, é nisso que os reis, os príncipes e as pessoas geralmente creem. Mas, meus amigos, não somos batizados em nome de reis e príncipes e das pessoas em geral, mas em nome de Cristo e do próprio Deus. E nosso título não é o de "reis" ou "príncipes" ou "pessoas em geral", mas o de cristãos. [378:] Ninguém pode ou deve estabelecer comandos para a alma, exceto aqueles que podem direcioná-la no rumo do céu. Nenhum ser humano, porém, pode fazê-lo; apenas Deus. E, portanto, nas coisas que dizem respeito à salvação das almas, nada deve ser ensinado ou aceito, a não ser a Palavra de Deus.

Outro ponto importante é o seguinte. Por mais estúpidos que sejam, eles devem admitir que não têm poder sobre a alma, pois nenhum ser humano pode aniquilar a alma ou trazê-la à vida, ou encaminhá-la ao céu ou ao inferno. E, se eles não acreditarem em nós, então Cristo vai mostrá-lo com clareza mais que suficiente quando diz em Mateus 10 [28]: "Não temais os que matam o corpo e depois disso nada mais podem fazer. Temei antes aquele que, depois de destruir o corpo, tem o poder de condenar ao inferno." Com certeza isto é suficientemente claro: a alma é retirada das mãos de todo e qualquer ser humano e colocada exclusivamente sob o poder* de Deus. Agora me digam o seguinte: alguém que estivesse lúcido daria ordens onde não tem autoridade*? Vocês poderiam igualmente ordenar que a Lua brilhasse por seu comando. Haveria algum sentido se as pessoas de Leipzig devessem estabelecer as leis para nós aqui em Wittenberg, ou vice-versa? Quem quer que tentasse isso receberia em agradecimento uma dose de heléboro, para desanuviar sua cabeça e curar seus resfriados. Mas é exatamente isso o que estão fazendo nosso imperador[31] e nossos judiciosos príncipes; eles deixam que o papa, os bispos e os sofistas os liderem, o cego conduzindo o cego, ordenando que seus súditos tenham a crença que os príncipes consideram adequada, sem a Palavra de Deus. E então eles insistem em conservar o título de "Príncipes Cristãos", que Deus proibiu.

Outra maneira de captar esse ponto é a de que toda e qualquer autoridade só pode agir, e só deveria agir, onde possa perceber, saber, julgar, sentenciar e modificar as coisas. Que espécie de juiz seria aquele que julga às cegas, em assuntos sobre os quais não pode escutar nem enxergar? Mas me digam: como pode um ser humano ver, conhecer, julgar e mudar os corações? Isso é da competência exclusiva de Deus. Como diz o Salmo 7 [10]: "Deus sonda o coração e os rins."[32] E também [Sl 7,9]: "O Senhor é o juiz dos povos" e Atos 10 [na verdade, 1,24; 15,8]: "Deus conhece os corações." E ainda Jeremias 1 [de fato, 17,9]: "Falso e inescrutável é o coração do homem. Quem pode sondá-lo? Eu, o Senhor, que sondo o coração e os rins." Um tribunal deve ter um conhecimento exato do que deve julgar, mas os pensamentos e as mentes das pessoas não podem ser manifestos para ninguém à exceção de Deus. Portanto, é impossível e fútil ordenar ou coagir alguém a acreditar nisso ou naquilo. Exige-se aqui uma habilidade diferente; a força* não vai funcionar. Fico surpreso com esses lunáticos [379:], visto que eles próprios têm um ditado: *De occultis non iudicat ecclesia*, a Igreja não é juiz em assuntos secretos. Ora, se [até mesmo] a Igreja, o governo espiritual, apenas rege assuntos que sejam públicos e abertos, com que direito a autoridade secular, em sua loucura, ousa julgar uma coisa tão secreta, espiritual e escondida quanto a fé?

Cada um deve decidir por sua conta e risco em que deve acreditar e deve cuidar para que acredite corretamente. Outras pessoas

---

31 Aqui Lutero, de maneira um tanto afoita, está culpando o imperador em pessoa. Em *Warnung an seine lieben Deutschen* (Aviso a seus queridos alemães), de 1531, Lutero fez alguns rodeios para não recriminar o imperador, censurando em vez disso seus conselheiros.

32 Lutero está usando uma expressão idiomática que significa: submeter a um exame minucioso.

não podem ir para o céu ou para o inferno em meu nome, ou abrir ou fechar [as portas do céu ou do inferno] para mim. Tampouco podem acreditar ou deixar de acreditar em meu nome, ou coagir minha crença ou descrença. O modo como a pessoa acredita é um assunto de cada consciência individual, e isso não diminui [a autoridade de] os governos seculares. Eles deveriam, portanto, contentar-se em cuidar de seus próprios assuntos e permitir que as pessoas acreditem no que podem e no que desejam, sem usar de coerção nessa esfera contra ninguém. A fé é livre[33], e ninguém pode ser compelido a crer. Mais precisamente, longe de ser algo que a autoridade secular deve criar e compelir, a fé é algo que Deus elabora no espírito. Daí a afirmação comum, que também está presente em Agostinho[34]: ninguém pode ou deve ser forçado a acreditar em alguma coisa contra sua vontade.

Essas pessoas cegas e desprezíveis não compreendem que coisa absurda e impossível estão tentando. Por mais rigorosas que sejam suas ordens, por maior que seja seu furor, não podem forçar as pessoas a fazer mais do que obedecer por palavras e atos [exteriores]; não podem obrigar o coração, ainda que cheguem a se dilacerar tentando. Há muita verdade no ditado: o pensamento é livre. Qual o resultado de sua tentativa em obrigar as pessoas a acreditar em seus corações?[35] Tudo o que conseguem é obrigar as pessoas de consciências frágeis a mentir, a cometer perjúrio, a dizer uma coisa enquanto em seus corações acreditam em outra. E desse modo [os governantes] cumulam sobre si mesmos os revoltantes pecados cometidos por outros, porque todas as mentiras e perjúrios proferidos por tais [pessoas de] frágeis consciências, quando ditos sob coerção,

---

[33] Literalmente: "uma obra (ou ação) livre"; um notável exemplo do hábito de Lutero de se expressar coloquial e descuidadamente, uma vez que o ponto central de sua teologia é, sem dúvida, o de que a fé não é uma obra ou ação de qualquer espécie, e sim uma dádiva livremente concedida e imerecida.

[34] A razão pela qual Lutero cita Agostinho nesse contexto, além da autoridade inigualada deste último entre os Padres da Igreja, no que dizia respeito aos reformadores, é que ele era, de modo mais evidente e mais notório, uma autoridade precisamente para a opinião que Lutero está negando: *Compelle intrare*, forçá-los a entrar [para a Igreja].

[35] Outro raciocínio elíptico de Lutero. O texto continua: "quando eles sabem que isso é impossível". Imagino que a frase deveria ser lida como: "uma coisa que eles deveriam saber que é impossível".

recaem sobre aquele que as obriga a fazer isso. Seria muito mais fácil, embora pudesse significar deixar que seus súditos cometessem erros, simplesmente deixá-los errar, em vez de obrigá-los a mentir e a declarar [com suas bocas] o que não acreditam em seus corações. E não é correto impedir um ato mau cometendo-se outro ainda pior.

Vocês querem saber por que Deus determinou que os príncipes seculares devam fracassar dessa horrível maneira? Eu lhes direi. [380:] Deus lhes deu mentes perversas e pretende acabar com eles, assim como acabará com os príncipes espirituais deles. Pois meus desgraciosos senhores, o papa e os bispos, deveriam ser bispos[36] [efetivos] e pregar a Palavra de Deus. Eles, porém, cessaram de fazê-lo e tornaram-se príncipes seculares[37], governando por meio de leis que dizem respeito apenas à vida e às possessões materiais. Eles conseguiram colocar tudo de cabeça para baixo: deviam governar as almas com a Palavra de Deus, interiormente, e em vez disso governam castelos, burgos, regiões e povos, exteriormente, e atormentam as almas com crimes inenarráveis. E os senhores temporais, que deveriam governar exteriormente regiões e povos, tampouco o fazem; em vez disso, a única coisa que sabem fazer é tosar e tosquiar, empilhar uma taxa sobre outra, deixar à solta um urso aqui, um lobo mais adiante. Não há entre eles boa-fé ou honestidade; gatunos e patifes comportam-se melhor do que eles: o governo secular atolou-se tão profundamente quanto o governo dos tiranos espirituais. Deus fez com que tivessem mentes perversas e privou-os de suas faculdades, de modo que desejam governar espiritualmente as almas, assim como as autoridades espirituais pretendem governar de modo mundano*. E [o propósito de Deus em tudo isso é] que

---

[36] Os reformadores acreditavam que não havia diferença baseada nas Escrituras entre um bispo e um sacerdote; era tolerável, quando muito, uma distinção administrativa de competências, em benefício da ordem. De qualquer modo, a existência de bispos nas igrejas luteranas parece congruente com a atitude de Lutero, e era também a posição original de Calvino. Note-se, inclusive, que até 1523 Lutero ainda estava disposto a conceder algum tipo de papel (muito diminuído) ao papado.

[37] Um exemplo particularmente claro da ambiguidade do termo *weltlich* empregado por Lutero: embora "seculares" esteja correto, o objetivo de Lutero é nitidamente enfatizar o caráter mundano dos interesses e das preocupações do papa e dos bispos. Nesse parágrafo, pouco adiante, fui obrigado a traduzir a mesma palavra por "mundano".

eles acumulem impensadamente sobre si mesmos os pecados dos outros, que recebam o ódio dele e o da humanidade, até que se arruínem juntamente com os bispos, os párocos e os monges, todos os velhacos reunidos. E então eles atribuem toda a culpa ao Evangelho, blasfemando contra Deus em vez de confessar sua própria culpa e dizendo que são nossas prédicas que fizeram isso[38], quando é sua iniquidade perversa que lhes causou isso, e eles o mereceram e continuam a merecer; os romanos disseram exatamente a mesma coisa quando foram destruídos. E aqui vocês têm o julgamento de Deus sobre esses grandes homens. Mas eles não o compreendem, para que os graves desígnios de Deus não sejam frustrados por seu arrependimento[39].

Mas vocês poderão replicar: em Romanos 13 [1], São Paulo não afirma: "Todo homem se submeta ao poder e à superioridade"? E Pedro, que devemos nos sujeitar a toda a sorte de instituição humana? [1Pd 2,13] Vocês estão totalmente certos, e com isso trazem grão para meu moinho. São Paulo está falando de superiores* e de poder*. Mas acabei de mostrar que ninguém tem poder sobre as almas, exceto Deus. São Paulo não pode estar falando de obediência onde não existe poder [com direito a obediência]. Segue-se que ele não está discorrendo acerca da fé e não está dizendo que a autoridade mundana deve ter o direito de comandar a fé. Ele está falando acerca de benefícios exteriores, acerca de comandar e governar na terra. E ele torna claro que é disso que está falando quando traça um limite tanto para o poder quanto para a obediência: "Dai a cada um o que lhe é devido: o imposto a quem é devido; a taxa a quem

---

[38] Nesse trecho, um conjunto de "istos" e "issos" em livre flutuação obscurece o sentido pretendido por Lutero. Creio que ele quer dizer que eles merecem a destruição a que se refere a primeira parte do parágrafo. Tal destruição, porém, evidentemente ainda não havia ocorrido, de modo que, presumivelmente, Lutero tem em mente que eles *irão* se queixar acerca dela quando efetivamente ocorrer. A referência aos romanos diz respeito às acusações que eles fizeram contra a cristandade, acusações que a *Cidade de Deus*, de Agostinho, teve pelo menos em parte o objetivo de refutar.

[39] Atrás dessa passagem encontra-se a espinhosa doutrina de que Deus torna impiedosos os corações dos pecadores, de tal modo que eles acumulam culpas e assim merecem a punição eterna que lhes é imposta por ele. A dificuldade é que isso parece tornar Deus responsável pela maldade que ele subsequentemente "pune". V. *De Servo Arbitrio* [A respeito da vontade escravizada].

é devida; a reverência a quem é devida; o temor a quem é devido" [Rm 13,7]. Em outras palavras, a obediência e o poder seculares estendem-se apenas a impostos, taxas, honras, reverências, coisas exteriores. No mesmo sentido: "O poder não incute medo quando se faz o bem, mas quando se pratica o mal" [Rm 13,3]. Ele está estabelecendo um limite para o poder: este não deve ter domínio sobre a fé e a Palavra de Deus, mas sobre a prática do mal.

São Pedro tem o mesmo objetivo quando fala da "instituição humana". Ora, as instituições humanas não podem abranger o céu e as almas, mas apenas a terra e as ações exteriores dos homens uns com os outros, assuntos acerca dos quais os homens podem ver, conhecer, ponderar, sentenciar, punir e inocentar.

O próprio Cristo sintetiza tudo isso com a admirável distinção [que estabelece] em Mateus 22 [21]: "Devolvei ao imperador o que é do imperador, e a Deus o que é de Deus."[40] Se o poder do imperador se estendesse ao reino e ao poder de Deus, em vez de ser algo diferente e separado, não haveria sentido em distinguir entre os dois. Mas, como se disse, a alma não está submetida ao poder do imperador. Ele não pode dar-lhe lições nem guiá-la; não pode exterminá-la nem trazê-la à vida; não pode amarrá-la ou libertá-la, julgá-la ou sentenciá-la, segurá-la ou soltá-la. E no entanto ele precisaria [ser competente para fazer tudo isso] caso devesse ter o poder de legislar em relação à alma e dar ordens acerca da alma. Mas, no que diz respeito a bens materiais e honrarias, este é seu domínio próprio. Porque tais coisas estão submetidas a seu poder.

Há muito tempo Davi resumiu tudo isso numa afirmação breve e precisa do Salmo 113 [na verdade, 115,16]: "Ele deu o céu para o senhor do céu, mas a terra, ele a deu para os filhos de Adão." Em outras palavras, o homem pode ter poder a partir de Deus no que diz respeito a tudo aquilo que seja da terra e pertença ao reino* temporal, terreno. Mas tudo aquilo que pertencer ao céu e ao reino eterno estará submetido exclusivamente à Lei do céu. E Moisés tinha isso em mente quando diz em Gênesis 1 [26]: "Deus disse:

---

[40] Preservei a tradução, feita por Lutero, do *Caesar* da Vulgata como *Kaiser* (imperador), pois acredito que ele acolheu com prazer a anacrônica referência implícita ao Sagrado Imperador Romano. Cf. nota 31.

façamos o homem, e que eles dominem sobre os animais e os peixes do mar e as aves do céu." Tudo isso não concede aos homens mais do que o governo exterior. E, em resumo, o que significa é que, como diz São Pedro em Atos 4 [na verdade, 5,29]: "Devemos obedecer antes a Deus que aos homens." E com isso ele está evidentemente traçando um limite para a autoridade. Pois, se devêssemos fazer tudo quanto aqueles em posição de autoridade nos dizem para fazer, não haveria sentido em dizer: "Devemos obedecer antes a Deus que aos homens".

Assim, se um príncipe ou um senhor secular ordenar-lhes a adesão ao papado, a crença nisto ou naquilo e a entrega de livros, a sua resposta deveria ser: não é adequado que Lúcifer esteja ao lado de Deus. Meu bondoso senhor, devo-lhe obediência com minha vida e meus bens. Ordene-me o que se enquadra nos limites de sua autoridade e obedecerei. Mas se ordenar-me acreditar, ou entregar meus livros, não obedecerei. Pois então o senhor torna-se [terá se tornado] um tirano e se excede [se excedido], dando ordens num terreno no qual não tem direito ou poder*[41]. Se então ele se apoderar de seus bens e puni-lo por sua desobediência, que as bênçãos recaiam sobre você, e agradeça a Deus por considerá-lo digno de sofrer por amor a sua Palavra. Deixem que o tolo se enfureça; [382:] ele certamente encontrará seu juiz. Mas eu lhes digo: se não resistirem a ele e deixarem que ele lhes roube sua fé e seus livros, então verdadeiramente vocês terão negado a Deus.

Deixem-me dar-lhes um exemplo. Em Meissen, na Baviera e na Marca, e também em outros lugares, os tiranos promulgaram um decreto ordenando que [todos] os exemplares do Novo Testamento fossem entregues em suas repartições. O que os súditos [desses governantes] devem fazer é o seguinte: sob risco de perderem suas almas, eles não devem entregar uma única página, nem sequer uma letra. Aquele que o fizer estará entregando Cristo a Herodes; será um assassino de Cristo, como o foi Herodes. Devem suportar que suas casas sejam invadidas com violência* [*mit Gewalt*] e saqueadas,

---

[41] Lutero aqui está adotando uma versão mais cautelosa da doutrina escolástica concernente a *ultra vires*, segundo a qual um governante não deixa de sê-lo devido à prática de atos *ultra vires*, mas deve simplesmente ser desobedecido no que diz respeito a tais atos.

quer sejam tomados seus livros, quer outros bens. Não se deve resistir ao mal, mas suportá-lo. É claro que vocês não devem aprovar o que é feito, nem levantar um dedo ou dar um só passo para ajudá-los e favorecê-los por qualquer modo que seja, e tampouco devem obedecer. Esses tiranos agem como os príncipes mundanos[42] costumam agir. Príncipes do mundo é o que eles são. O mundo, porém, é inimigo de Deus, e consequentemente eles devem fazer o que está em desacordo com Deus, mas de acordo com o mundo, de modo que conservem suas honrarias e permaneçam príncipes mundanos. E, portanto, vocês não devem se surpreender com o furor e a estupidez deles contra o Evangelho. Eles precisam ser leais para com os títulos que ostentam.

Vocês precisam saber que, desde o início dos tempos, um príncipe cauteloso tem sido uma ave rara no mundo, e um príncipe justo é ainda mais raro. Em regra, os príncipes são os maiores tolos ou os piores criminosos sobre a face da terra; devem-se esperar deles poucas coisas boas e sempre o pior, especialmente no que diz respeito a Deus e à salvação das almas. Isso porque eles são os carcereiros e carrascos de Deus, e sua cólera divina faz uso deles para punir os maus e conservar a paz exterior. Nosso Deus é um senhor poderoso, e é por esse motivo que deve ter tais carrascos e porta-maças nobres, ricos e bem-nascidos, e permite que recebam de todos, em medida crescente, riquezas, honrarias e reverente temor. É sua vontade e gosto que chamemos "graciosos senhores" a seus carrascos, caiamos a seus pés e nos submetamos a eles com toda a humildade, desde que não ultrapassem seus limites querendo tornar-se pastores em vez de carrascos. Se um príncipe tiver a sorte de ser cauteloso, justo ou cristão, este será um dos maiores milagres e um sinal extremamente precioso do favor divino sobre a terra. Mas, no curso normal das coisas, prevalece o que diz Isaías em 3 [4]: "Dar-lhes-ei crianças por príncipes, simplórios serão seus senhores." E também Oseias 13 [11]: "Eu te dou um rei em minha ira, eu o retomo em meu furor." O mundo é demasiado perverso para me-

---

42 Nessa passagem, traduzir *weltlich* como "secular" significaria perder totalmente a conexão com as linhas seguintes, nas quais a ligação com o "mundo" (*Welt*) e "mundanos" é feita de modo explícito. Cf. Glossário: Secular.

recer príncipes muito mais sábios e mais justos do que isso. As rãs precisam de cegonhas.

Mais uma vez, porém, vocês objetarão que a autoridade secular não obriga à crença; pelo recurso a meios externos, ela simplesmente impede que as pessoas sejam desencaminhadas por falsas doutrinas. De que outro modo poderiam ser contidos os heréticos? A resposta é: cabe aos bispos fazê-lo. Essa tarefa* foi atribuída a eles, e não aos governantes. O uso da força* não pode jamais coibir a heresia. Impedi-la requer um tipo diferente de talento; não se trata de uma batalha que possa ser travada com a espada. Nessa batalha, quem deve lutar é a Palavra de Deus. E, se esta não for vitoriosa, então certamente o poder secular tampouco o será, ainda que devesse inundar o mundo com sangue. A heresia é uma coisa espiritual; não pode ser abatida pelo aço, queimada pelo fogo ou afogada na água. Unicamente a Palavra de Deus pode [triunfar] aqui; como diz São Paulo em Coríntios 10 [4 ss.]: "Nossas armas não são carnais, mas têm, a serviço de Deus, o poder de destruir todos os raciocínios presunçosos e todo poder altivo que se levanta contra o conhecimento de Deus, e tornam cativo todo pensamento para levá-lo a obedecer a Cristo."

E, com efeito, a fé e a heresia jamais são tão fortes do que quando a força[43] pura e simples, em vez da Palavra de Deus, é usada contra elas. Pois [nesse caso] as pessoas partem do pressuposto de que a força não está sendo usada em prol da justiça e que aqueles que a utilizam estão agindo de maneira injusta, precisamente porque estão agindo sem a Palavra de Deus e não conseguem imaginar outro meio de promover seus objetivos senão pela força pura e simples, como se fossem animais desprovidos de razão. Mesmo em assuntos seculares a força não pode ser empregada, a menos que a culpa tenha sido antes estabelecida com referência à lei. E é ainda mais im-

---

[43] Nessa frase e nas três seguintes, Lutero está contrastando *Gewalt*, que aqui é traduzido como "força pura e simples" (embora Lutero também utilize o termo no sentido de "poder" e "autoridade" [v. Introdução, p. XXV]), e *Recht*, que pode significar "o que é direito", "justiça" ou "lei". Uma vez que um tradutor é obrigado a fazer uma distinção em palavras expressas onde o autor não fez distinções, perde-se a continuidade verbal do original de Lutero. V. Glossário: Lei.

possível utilizar a força sem o direito e sem a Palavra de Deus em tais assuntos elevados e espirituais [como a heresia]. Que espertos são esses príncipes! Pretendem expulsar a heresia, mas não conseguem atacá-la senão com algo que lhe dá um novo vigor, colocando a si mesmos sob suspeita e justificando os hereges. Meu amigo, se quiser expulsar a heresia, então antes será preciso descobrir um bom meio para desenraizá-la dos corações e quebrar seu domínio sobre as vontades. E você não conseguirá fazê-lo pelo uso da força; assim só a tornará mais forte. Que sentido existe em reforçar a heresia nos corações, ainda que você a debilite exteriormente silenciando a voz das pessoas ou obrigando-as a fingir? A Palavra de Deus, por outro lado, ilumina os corações e com isso toda heresia e todo erro desaparecerão por si mesmos.

É sobre esse meio de destruir a heresia que falou o profeta Isaías quando profetizou (Is 11[4]): "Ele ferirá a terra com o bastão de sua boca, e com o sopro dos seus lábios matará o ímpio." [384:] Vocês podem perceber, a partir disso, que são as palavras que acarretarão a morte e a conversão dos iníquos. Em resumo, tais príncipes e tiranos não percebem que combater a heresia é como combater o demônio que toma conta dos corações por meio do engano. Como diz Paulo em Efésios 6 [12]: "Nosso combate não é contra a carne nem contra o sangue, mas contra os espíritos do mal, contra os príncipes que governam este mundo de trevas, etc." E portanto, enquanto o diabo não for rejeitado e expulso do coração, destruir seus instrumentos pelo fogo e pela espada terá tanto efeito sobre ele quanto o de enfrentar um relâmpago com uma palha. Jó tratou amplamente de tudo isso quando disse (Jó 41 [18]): "O ferro para o diabo é como palha e não teme poder sobre a terra." E a experiência ensina a mesma coisa. Isso porque, ainda que todos os judeus e heréticos fossem queimados, ninguém é vencido ou convertido por esse meio, nem jamais o será.

Mas um mundo tal como este deve ter essa espécie de governantes; que os céus proíbam que algum deles chegue a cumprir seu dever*! Os bispos devem abandonar a Palavra de Deus e não fazer nenhum esforço para governar as almas com ela. Em vez disso, eles devem ordenar aos príncipes seculares que governem as almas por meio da espada. Os príncipes seculares, por sua vez, devem permitir que a usura, o roubo, o adultério, o assassinato e outras espécies de atos perversos campeiem desenfreadamente – e na verdade devem eles mesmos cometer esses atos, deixando aos bispos o encargo de puni-los por meio de cartas de excomunhão. E desse modo tudo se encontra de pernas para o ar: as almas são governadas pela espada e os corpos por meio de cartas. Como consequência, os príncipes mundanos[44] governam espiritualmente, enquanto os príncipes espirituais governam de maneira mundana. Que mais resta ao diabo para fazer neste mundo, a não ser pregar peças a seus súditos e se mascarar como se estivesse num carnaval? Esses, então, são nossos "príncipes cristãos", os "defensores da fé" e "martelos dos turcos". Homens capazes, nos quais podemos confiar! E com certeza conseguirão *alguma coisa* graças a sua admirável astúcia: quebrarão os pescoços e reduzirão suas terras e seus vassalos à miséria e à penúria.

Tenho um bom conselho para essas pessoas desorientadas. Acautelem-se com a breve afirmação do Salmo 106 [na verdade, 107,40]: *Effundit contemptum super principes* [Ele derrama seu desprezo sobre os príncipes]. Juro perante Deus: se ignorarem esse pequeno texto e ele entrar em vigor contra vocês, estarão perdidos, ainda que cada um de vocês seja tão poderoso quanto o turco; e todo o seu bufar e rugir não irá ajudá-los. Em boa parte, isso já aconteceu. Existem poucos príncipes aos quais o povo não veja como loucos ou criminosos, e suas ações confirmam [aquele juízo]; o homem comum está ficando informado, e uma forte epidemia em relação aos príncipes (a que Deus chama *contemptum*) está se alastrando entre as pessoas simples e o homem comum. Meu medo é que não haja meios de detê-la, a menos que os príncipes comecem a se comportar como príncipes e a governar judiciosa e prudentemente. As pessoas [385:] não vão mais aguentar passivamente sua tirania e arbitrariedade; elas não podem e não querem fazê-lo. Muita atenção, meus bondosos senhores e amos. [O próprio] Deus não vai mais tolerá-lo. Este não é mais o mundo em que vocês perseguiam e conduziam as pessoas como se fossem caça. Portanto, ponham de

44 V. nota 42.

lado sua blasfêmia e violência*; cuidem de agir com justiça e deixem a Palavra de Deus ter o livre trânsito que ela deveria ter, deve ter e terá; vocês não conseguirão detê-la. Se houver heresia, deixem que esta seja subjugada pela Palavra de Deus; é assim que deve ser. Mas, se vocês começarem a desembainhar a espada em todas as ocasiões, cuidado com a vinda de alguém que lhes dirá para entregarem suas espadas, e não em nome de Deus[45].

Mas se vocês fossem perguntar: como devem os cristãos ser governados exteriormente, visto que entre eles não deve existir Espada secular? [Certamente] deve haver superiores* também entre os cristãos? Minha resposta é que não pode nem deve haver superiores entre os cristãos. Antes, cada um deles está igualmente submetido a todos os demais, como diz São Paulo em Romanos 12 [10]: "Cada um deve considerar o outro como seu superior." E Pedro (1Pd 5 [5]): "Revesti-vos todos de humildade nas relações mútuas de uns para com os outros." E isso é o que deseja Cristo (Lc 14 [10]): "Quando fores convidado para uma festa de casamento, ocupa o último lugar." Não existe superior entre os cristãos, à exceção de Cristo. E como poderia haver superioridade [ou inferioridade], quando todos são iguais e têm o mesmo direito*, poder, benefícios e honrarias? Nenhum deles deseja ser superior a outro, pois todos querem ser inferiores aos demais. Como alguém poderia, ainda que o desejasse, estabelecer superiores entre pessoas assim? A natureza não admitirá superiores quando ninguém quer ser ou pode ser um superior. Mas, onde não houver pessoas desta [última] espécie, tampouco haverá verdadeiros cristãos.

E quanto aos sacerdotes e bispos? Seu governo não é de superioridade ou poder, mas antes um serviço e um ofício*. Isso porque eles não estão em posição mais elevada ou melhor do que os outros cristãos[46], e consequentemente não devem impor leis e ordens aos outros sem o consentimento e a permissão destes. Ao contrário, seu

---

[45] Acredito que essa seja uma alusão às palavras de Cristo para Pedro no jardim de Getsâmani, Mt 26,52; Lutero está dizendo que não será Cristo, e sim o homem comum, que dirá aos governantes para entregarem suas espadas.

[46] Trata-se de uma referência à crucial (e consideravelmente ambígua) doutrina de Lutero sobre o "sacerdócio de todos os fiéis"; quanto a esse ponto, v. Introdução, pp. XIV-XVI.

governo nada mais é do que o fomento da Palavra de Deus, orientando os cristãos e vencendo a heresia por meio dela. Como se disse, os cristãos não podem ser governados por nada que não seja a Palavra de Deus. Isso porque os cristãos devem ser governados na fé, e não por ações exteriores, mas a fé não pode vir por meio das palavras dos homens, apenas pela Palavra de Deus. Como diz São Paulo em Romanos 10 [17]: "A fé vem da pregação e a pregação é pela Palavra de Deus." Aqueles que não têm fé não são cristãos e não pertencem ao reino de Cristo, e sim ao reino do mundo, para serem coagidos e regidos pela Espada e [386:] pelo governo exterior. Os cristãos [por outro lado] fazem tudo o que é correto, sem nenhuma coação, e têm tudo de que precisam na Palavra de Deus. Mas sobre isso já escrevi muito e com frequência em outros lugares.

Terceira Parte

Agora que sabemos até onde se estende [a competência de] a autoridade secular, é hora de considerarmos de que modo um príncipe deve passar a exercê-la. [Estou escrevendo isto] em benefício daqueles que querem ser governantes e senhores cristãos e que se preocupam com sua própria salvação; existem muito poucos dessa espécie. O próprio Cristo descreve o caráter dos príncipes seculares quando diz em Lucas 22 [25]: "Os príncipes seculares governam e os que são superiores usam a força*."[47] Pois, quando eles nascem ou são escolhidos para governar, imaginam-se com direito a serem servidos e a governar por meio da força. Ora, quem quer que deseje ser um príncipe cristão deve abandonar qualquer pretensão de dominar as pessoas e de usar a força. Pois toda vida que é vivida e buscada para benefício próprio é amaldiçoada e condenada ao inferno: condenadas são todas as obras que não se originam do amor. E as ações que brotam do amor são aquelas que não são feitas para o próprio prazer, benefício, honra, conforto e bem-estar, mas antes visam totalmente ao benefício, à honra e ao bem-estar dos outros.

[47] Uma tradução muito estranha e diferente da que aparece em versões posteriores do Novo Testamento de Lutero.

E, consequentemente, nada direi aqui acerca de leis e assuntos mundanos. Já existem demasiados códigos de leis*, e o tópico é amplo [demais]. De qualquer modo, se um príncipe não é por si mesmo mais judicioso do que os que o aconselham sobre a lei e não compreende mais do que aquilo que é encontrado nos textos da lei, ele certamente governará como diz o provérbio (Pr 28 [16]): "Um príncipe sem inteligência oprimirá a muitos com injustiças." Isso porque, por melhores ou mais imparciais que possam ser as leis, todas estão submetidas a esta limitação: não podem prevalecer diante da necessidade[48]. O príncipe deve, portanto, conservar com firmeza as leis sob seu próprio controle tal como faz com a Espada e usar sua própria razão para julgar quando e onde a lei deve ser aplicada com seu pleno rigor e quando deve ser moderada. Assim, a razão permanece o governante em todos os momentos, a lei suprema e dominadora de todas as leis. Do mesmo modo, o chefe de uma família sem dúvida determinará horários e quantidades de trabalho e de alimento para seus criados e seus filhos. Apesar disso, porém, ele deve conservar seu poder sobre essas regras que estabeleceu, de modo que possa modificá-las ou suspendê-las se por acaso os servos estiverem enfermos ou forem aprisionados, detidos, enganados ou tolhidos de alguma maneira. [387:] Ele não deve [por exemplo] tratar com o mesmo rigor o doente e o indivíduo sadio. Digo isso para que as pessoas não pensem que é uma coisa valiosa, e suficiente por si mesma, seguir as leis escritas ou o parecer dos conhecedores da lei. É necessário mais do que isso.

Mas o que um príncipe deve fazer se não for tão sábio ou tão judicioso assim, devendo portanto permitir que ele mesmo seja governado por homens de leis e pela letra da lei?[49] Foi precisamente com referência a esse aspecto que declarei que o ofício* de príncipe está cercado de perigos, e, se o príncipe não for suficientemente sá-

---

[48] Um ditado usado comumente, com origem (?) no Direito Canônico: *Decretum Gratiani* Pt II, causa I qu. I, dict. ante can 39, pars VI: *Quia enim necessitas non habet legem, sed ipsa sibi facit legem...*

[49] Penso que é isso que Lutero quer dizer, mas não posso garanti-lo. Em seu texto lê-se: "pelos livros de leis". Cf. Glossário: Lei.

bio para controlar tanto suas leis quanto seus conselheiros[50], acontecerá o que diz Salomão: "Pobre da terra que tem um criança por príncipe." E, como Salomão sabia disso, pouco esperava de todas as leis, ainda que [o próprio] Deus as tivesse estabelecido para ele através [da intervenção] de Moisés, e tampouco depositava esperanças em todos os seus príncipes e conselheiros, e voltava-se para o próprio Deus, pedindo-lhe um coração sábio com o qual governar o povo. E um príncipe deve seguir seu exemplo: deve agir com respeito e não confiar nem em livros mortos nem em cabeças vivas, mas exclusivamente em Deus, importunando-o com súplicas de um entendimento justo, maior do que todos os livros e mestres, para com ele governar seus súditos sabiamente. Em resumo, nada sei acerca de que leis recomendar a um príncipe; quero apenas informá-lo de como dispor seu coração quanto a todas as leis, pareceres, veredictos e casos com que tenha de lidar. Se ele o fizer, Deus certamente dar-lhe-á [a capacidade] para usar todas e quaisquer leis, conselhos e ações com bons resultados.

Então, em primeiro lugar, ele deve voltar-se para seus súditos e cuidar de que esteja com a disposição correta para com eles. Isto é, ele deve dirigir todos os seus esforços no sentido de lhes ser útil e prestimoso. Ele não deve pensar: a terra e as pessoas são minhas; farei como bem me aprouver, mas antes: pertenço ao povo e à terra; devo fazer o que é vantajoso para eles. Não devo pensar em como dominá-los, mas em como eles podem ser protegidos e defendidos e gozar as bênçãos da paz. Ele deve colocar Cristo diante de seus olhos e dizer a si mesmo: aqui está Cristo, o maior dos príncipes, e no entanto ele veio para servir-me. Ele não tratou de conseguir de mim honrarias, poder e riqueza; considerou apenas a minha necessidade e não mediu esforços para me assegurar poder, riqueza e honrarias, por meio dele e nele. E eu farei o mesmo. Não buscarei nas mãos dos meus súditos meu próprio benefício, mas o deles, e os servirei em minha condição, protegendo-os, escutando-os, defendendo-os e governando apenas em seu benefício, não em meu pró-

50 Lutero está presumindo, de acordo com uma prática cada vez mais generalizada, que os conselheiros do príncipe serão juristas.

prio. Um príncipe deveria, portanto, prescindir de seu poderio e superioridade até onde seu coração e sua mente estejam envolvidos e atender às necessidades de seus súditos como se fossem as suas. [388:] Pois é isto que Cristo fez por nós, e são estas as obras efetivas do amor cristão.

A isso a réplica será: nesse caso, quem seria um príncipe? O ofício e o *status** de príncipe seriam os mais penosos sobre a face da terra, cheios de fadiga, preocupações e desconforto. E o que aconteceria a todos os deleites principescos, as danças, as caçadas, as corridas, o jogo e todos os outros prazeres mundanos* desse gênero? Minha tréplica é que não estou contando aos príncipes seculares como viver, mas como ser cristãos, para alcançar o céu. Todos sabem que um príncipe é uma ave rara no paraíso. Também não estou dizendo tudo isso porque guarde a esperança de que os príncipes seculares o aceitem. Eu o digo no caso de haver algum entre eles que gostaria de ser um cristão e quer saber o que deve fazer. Mas de uma coisa eu tenho certeza: a Palavra de Deus não será dirigida e deturpada para convir aos príncipes; antes, são os príncipes que devem ser conduzidos por sua Palavra. É suficiente, para mim, se conseguir mostrar que não é impossível ser ao mesmo tempo príncipe e cristão, ainda que isso seja raro e difícil. E se os príncipes efetivamente tomassem cuidado para que suas danças e caçadas e corridas não causassem danos a seus súditos, e também em outros aspectos exercessem com amor seu ofício para com eles, Deus não seria tão estrito a ponto de invejá-los por seus bailes, caçadas e corridas. Tais príncipes logo descobririam, porém, que se devessem cuidar de seus súditos como exige seu ofício muitas danças, corridas e jogos teriam de ser descartados.

Em segundo lugar, um príncipe deve acautelar-se em relação àqueles vigorosos potentados, seus conselheiros. Sua atitude para com eles deveria ser a de não desprezar nenhum deles, mas também não confiar em nenhum deles, pelo menos a ponto de deixar tudo a seu cargo. Pois Deus não pode tolerar nem um nem outro [o desprezo ou a confiança total]. Ele certa vez falou por intermédio de um asno, e portanto nenhum ser humano, por mais humilde que seja, deve ser visto com desprezo. Mas ele deixou igualmente que o maior dos anjos caísse do céu, e portanto não se deve confiar [totalmente] em homem algum, por mais sábio, piedoso e grande que possa ser. Mas todos devem ser ouvidos, e o príncipe deverá esperar para ver através de qual deles Deus falará e agirá. Isso porque o maior dos males, nas cortes dos príncipes, se dá quando um príncipe entrega prisioneiro seu entendimento aos grandes homens e aos aduladores e omite-se de supervisionar pessoalmente as coisas. Se um príncipe se mostrar carente nesse ponto, e perder tempo, não apenas uma pessoa mas toda a região sofrerá. E desse modo um príncipe deve colocar sua confiança nos poderosos e deixá-los agir, mas de tal modo que conserve as rédeas em suas próprias mãos. Ele não deve considerar-se seguro e permitir-se adormecer, mas verificar por si mesmo, cruzando seus territórios a cavalo (como fez Josafá) e vigiando seus governadores e juízes. Dessa maneira ele descobrirá por si mesmo [389:] que ninguém é merecedor de total confiança. Não pensem que qualquer outra pessoa cuidará dos bens e terras que vocês possuem tão adequadamente quanto vocês mesmos, a menos que essa pessoa esteja preenchida pelo espírito e seja um bom cristão. Um homem comum não vai fazê-lo. Vocês não sabem, porém, se qualquer indivíduo [em particular] é um cristão ou por quanto tempo continuará a sê-lo e, por conseguinte, não podem confiar totalmente em ninguém.

Vocês devem ser especialmente cautelosos em relação àqueles que lhes dizem: meu gracioso senhor, por que Vossa Graça não deposita mais confiança em mim? Quem servirá Vossa Graça, etc.? Com toda a certeza tal homem não é puro [em suas intenções] e seu objetivo é tornar-se senhor da região e transformá-lo em seu fantoche. Isso porque, se ele fosse um cristão justo* e cumpridor de seus deveres, ficaria contente por você não confiar nele e o louvaria e apreciaria por você vigiá-lo de perto. Um comportamento devoto como esse poderá suportar e de fato suportará sua fiscalização e, com efeito, a de qualquer pessoa. Como diz Cristo em João 8 [na verdade, 3,21]: "Quem faz o bem aproxima-se da luz, para que se manifeste que suas obras são feitas em Deus." Mas a [espécie de] pessoa anterior pretende enganá-lo e agir na escuridão, como diz Cristo [Jo 3,20]: "Quem faz o mal afasta-se da luz, para que suas obras não sejam punidas." Portanto, acautelem-se em relação a ele. E, se ele se queixar, digam-lhe: não sou culpado de nenhuma injustiça para contigo. Deus não quer que confie em mim mesmo ou em qualquer outro. Censure-o por isso e por ter feito de você um simples ser humano. [Na verdade, não depositaria minha confiança total em você] ainda que você fosse um anjo. Até mesmo Lúcifer não merecia confiança, e portanto tampouco confiarei completamente em você. Pois devemos depositar nossa confiança exclusivamente em Deus.

Que nenhum príncipe imagine ser sua condição melhor que a de Davi, o modelo para todos os príncipes. Tinha ele um conselheiro de nome Aquitofel, tão sábio que, segundo as Escrituras, aquilo que Aquitofel dizia tinha tanto peso quanto se o próprio Deus tivesse sido consultado. E, no entanto, ele mergulhou tão baixo que traiu e teria matado Davi, seu próprio rei. E desse modo Davi teve de aprender que não se deve confiar em absolutamente ninguém. Por que imaginam que Deus permitiu que um episódio tão assustador acontecesse e fosse registrado, a menos que fosse para alertar os príncipes e governantes sobre o maior dos perigos e infortúnios que pode lhes suceder e para ensiná-los a não confiar em ninguém?[51] É uma coisa ignóbil quando os lisonjeadores reinam nas cortes e quando os príncipes confiam em terceiros e se entregam prisioneiros a estes, deixando-os agir como lhes apraz.

Vocês podem objetar, porém, que, se não se pode confiar em pessoa alguma, de que modo um território e seus habitantes devem ser governados? A resposta é que vocês precisam assumir o risco de atribuir cargos a pessoas, mas não devem contar com elas ou confiar nelas, mas exclusivamente em Deus. [390:] Vocês devem tratar aqueles aos quais concederam cargos como pessoas que podem falhar, de modo que precisam continuar vigilantes e não podem se deixar embalar e adormecer. O condutor de uma carruagem tem confiança em seus cavalos e na carruagem, mas não permite que eles sigam seu próprio rumo. Ele conserva as rédeas e o chicote em suas

---

[51] Aqui a linguagem de Lutero perdeu toda a coesão; fui obrigado a glosá-la em minha tradução. Deve-se notar, de passagem, que a afirmação habitual dos reformadores, no sentido de que eles aderiam exclusivamente ao significado literal das Escrituras, destina-se puramente a fins polêmicos e, em si mesma, não deve ser aceita literalmente.

mãos e permanece vigilante. Lembrem-se dos antigos ditados que foram aprendidos a partir da experiência e nos quais se pode confiar: "Quando o gato está longe os ratos fazem a festa."[52] Em outras palavras, nada dá certo se o dono não cuidar pessoalmente das coisas e em vez disso confiar em conselheiros e criados. E isso está de acordo com a vontade de Deus, ele permite que isso aconteça para que os governantes sejam obrigados a cuidar pessoalmente dos deveres de seu cargo, assim como as demais pessoas devem fazer suas próprias tarefas e todos devem fazer seu próprio trabalho. De outro modo os governantes transformar-se-iam em cevados, sem utilidade para ninguém à exceção de si mesmos.

Em terceiro lugar, um príncipe deve tomar cuidado quanto ao modo pelo qual leva a justiça aos malfeitores. Punir alguns sem destruir outros [que são inocentes] requer a maior cautela e sabedoria. Mais uma vez, não sei de melhor modelo que Davi. Certa vez ele teve um capitão denominado Joab que matou traiçoeiramente dois outros capitães, ambos homens justos, e portanto merecia morrer duas vezes. No entanto Davi, enquanto viveu, não o matou, mas ordenou que seu filho Salomão o fizesse [após a morte de Davi]. Sem dúvida isso aconteceu porque Davi não podia ele mesmo matá-lo sem provocar um dano e uma revolta ainda maiores. Um príncipe deve castigar os maus de tal modo que "ao apanhar a colher ele não pise no prato e o quebre" e não afunde no caos todo o seu território e seu povo por causa de uma cabeça [uma pessoa] e encha a terra com viúvas e órfãos. Pela mesma razão, ele não deve dar ouvidos àqueles conselheiros e "soldados de gabinete"[53] que o empurrariam para guerras com argumentos do gênero: devemos suportar passivamente tais insultos e injustiças? É um cristão muito imperfeito aquele que coloca em risco toda uma região por causa de um castelo. Para resumir, em tais casos o príncipe deve agir segundo a máxima: uma pessoa incapaz de fechar os olhos a erros não sabe governar. Que esta seja, portanto, sua regra de conduta: sempre

---

[52] Lutero apresenta aqui uma seleção de ditados populares que não têm equivalente em inglês e foram omitidos da tradução.

[53] Literalmente: "comedores de ferro".

que uma injustiça não possa ser punida sem uma injustiça ainda maior, ele não deve reivindicar seus direitos*, por mais justa que seja sua causa. Ele deve olhar para as injustiças sofridas por outras pessoas, e não para o dano que ele mesmo sofre, considerando o que os outros sofrerão se ele exigir punições. O que fizeram todas essas mulheres e crianças para que mereçam se tornar viúvas e órfãos, apenas para que você possa vingar-se de uma boca sem valia ou da mão perversa que lhe causou dano?

Aqui vocês podem perguntar: um príncipe não deve [jamais] travar a guerra? E seus súditos não têm o dever de segui-lo em combate? Trata-se de uma questão ampla, mas a resposta sucinta é a seguinte. O procedimento cristão é que nenhum governante faça guerra a seu suserano, seja ele o Rei, o Imperador ou qualquer outro senhor feudal[54]. Se algum desses se apoderar de alguma coisa, deixe que a tome, pois não se deve resistir pela força aos superiores*, mas apenas pelo testemunho da verdade[55]. Se eles prestarem atenção, muito bem; em caso contrário, você está livre de culpa e suporta a injustiça em nome de Deus. Mas, se seu oponente for seu igual ou inferior, ou um governante estrangeiro, você deverá primeiro oferecer-lhe justiça e paz, como Moisés ensinou aos filhos de Israel. Se ele não chegar a um acordo, faça o melhor possível e resista à força com a força, como Moisés bem descreve em Deuteronômio 20 [10 ss.][56]. Mas, ao fazê-lo, você não deve ter em conta seu próprio proveito e como pode permanecer no governo, e sim seus súditos,

---

[54] Aqui Lutero está partindo do pressuposto de que o poder está estruturado de modo feudal (no sentido técnico do termo); em outras palavras, todos têm um suserano, exceto o senhor supremo. Aqueles no mesmo degrau da escada de super- e sub-ordinação ("grau") são "pares" e encontram-se tão livres para lutar uns com os outros quanto os senhores supremos para fazê-lo entre si.

[55] No texto original lê-se *Erkenntnis*, conhecimento, ou *Bekenntnis*, que estou adotando; ambos me parecem igualmente obscuros.

[56] O texto a que se faz referência ordena o massacre de todos os indivíduos do sexo masculino e a escravização das mulheres e crianças de uma população conquistada. Visto que não encontro evidências de que Lutero pretendesse deliberadamente revogar os padrões mais misericordiosos de conduta vigentes em sua época, devo supor que sua disposição de pretender ter aprendido da Bíblia – e não dos "sofistas" ou da "razão meretriz" – tudo o que vale a pena saber levou-o a sair em busca de um texto adequado no Velho Testamento, sem que, nesse caso, encontrasse algo conveniente. *Vim vi repellere* (resistir à força com a força) é evidentemente dos romanos, e não da Bíblia.

aos quais deve auxílio e proteção, de modo que o empreendimento seja feito a partir do amor. Uma vez que toda a sua região se encontra em perigo [pela guerra], você deve considerar se Deus vai ajudá-lo, para que tudo não se torne ruína e devastação; e, mesmo que não possa evitar o surgimento de algumas viúvas e órfãos, deve pelo menos impedir a devastação total, em que nada [reste] senão viúvas e órfãos.

Os súditos, por sua vez, devem obediência, bem como dedicar a isso suas vidas e propriedades[57]. Isso porque, num caso desses, cada um deve arriscar seus bens e até a si mesmo, em benefício de seu próximo. E, em tal guerra, é um ato cristão, e um ato de amor, matar inimigos sem hesitações, saquear e incendiar e fazer tudo aquilo que cause dano ao inimigo, segundo os usos da guerra, até que ele seja derrotado. Cuidado, porém, com os pecados e com a violação de mulheres e donzelas. E, quando o inimigo estiver derrotado, deve-se mostrar misericórdia e garantir a tranquilidade a todos aqueles que se renderem e se submeterem. Em outras palavras, aja de acordo com a máxima "Deus ajuda o mais forte". Abraão agiu assim quando derrotou os quatro reis (Gn 14 [15]). Naturalmente, ele matou muitas pessoas e não mostrou misericórdia até que a vitória fosse sua. Um caso como esse deve ser visto como algo enviado por Deus, de modo que, por essa vez, a terra ficou livre de patifes.

Mas e se um príncipe estiver errado? Ainda assim os súditos estarão obrigados a obedecer-lhe? Não, porque ninguém tem o dever de agir de maneira injusta; devemos obedecer antes a Deus (que deseja que a justiça prevaleça) que aos homens [At 5,29]. Mas e se os súditos não souberem se seu governante tem uma causa justa ou injusta? Enquanto não souberem e não conseguirem descobrir, apesar de terem feito todos os esforços para tanto, eles poderão obedecer sem risco para suas almas. Isso porque, em tais casos, deve-se seguir a Lei de Moisés em Êxodo 21 [13], em que ele escreve que um assassino que matou alguém sem o saber e sem intenção de fazê-lo deverá fugir para uma cidade de refúgio e ali será absolvido

[57] O sentido aqui requer algum elemento de ligação do gênero: "se uma guerra preencher todas essas precondições...".

pelos tribunais. E o lado que é derrotado, seja justa ou injusta sua causa, deve aceitar isso como uma punição de Deus, mas o lado que luta e triunfa, num tal estado de ignorância, deve considerar a batalha como se alguém tivesse caído de um telhado e matado outra pessoa, deixando a questão a cargo de Deus. Para Deus é a mesma coisa se ele o priva de seus bens ou de sua vida por intermédio de um senhor justo ou injusto. Vocês são criaturas de Deus, e, uma vez que suas consciências estão inocentes, ele pode fazer com vocês o que lhe aprouver. E desse modo [o próprio] Deus desculpa o rei Abimelec (Gn 20 [6]) quando este tomou a mulher de Abraão. Não que o ato fosse correto, mas ele não sabia que ela era mulher de Abraão.

Em quarto lugar, e este talvez devesse ter sido o primeiro ponto: como dissemos acima, um príncipe também deve agir como um cristão para com Deus. Isto é, ele deve submeter-se a ele em total confiança e solicitar-lhe, como fez Salomão, a sabedoria para governar bem. Em outros textos, porém, já me estendi bastante sobre a fé e a confiança em Deus, e portanto não há necessidade de dizer mais nada agora. E, assim, vamos deixar isso neste ponto e recapitular. Um príncipe deve auxiliar a si mesmo de quatro modos diferentes. Primeiro: voltando-se em direção a Deus, com uma confiança real e uma prece nascida do coração. Segundo: para seus súditos, com amor e auxílio cristãos. Terceiro: para seus conselheiros e homens influentes, com uma razão livre e um entendimento sem peias. Quarto: em relação aos malfeitores, com a devida gravidade e severidade. Dessa maneira sua condição* estará correta exterior e interiormente, agradável a Deus e aos homens. Ele deve esperar, porém, uma grande quantidade de inveja e sofrimento. Um homem tão nobre quanto esse logo sentirá o peso da cruz sobre seu pescoço.

Para terminar, um adendo em resposta aos que escreveram tratados sobre *restitution*[58], isto é, a restituição de bens injustamente adquiri-

---

[58] Em seu texto, Lutero havia deixado a palavra em latim, daí o elemento explicativo. O tópico era, e continuou a ser, um dos favoritos dos escolásticos, normalmente tratado em comentários sobre Tomás de Aquino, *Summa Theologica*, Secunda Secundae, qu. 62 e qu. 78, e aqui é a tais discussões que Lutero se refere. Incluía a controvertida questão de pedir emprestado ou emprestar dinheiro a juros.

dos. Essa é uma tarefa para a Espada secular, acerca da qual muito já se escreveu, muitas vezes com desnecessária severidade. Mas apresentarei rapidamente a coisa toda e eliminarei de um só golpe todas as leis e toda a severidade. Não se encontra lei para isso, à exceção da lei do amor. Se você for chamado a decidir um caso em que uma parte deve restituir alguma coisa a outrem, e ambos são cristãos, a questão logo estará solucionada. Pois nenhuma das partes negará ao outro o que é dele e tampouco o exigirá do outro. Mas, se apenas um deles for cristão, a saber, aquele a quem é devida a restituição, a decisão mais uma vez será fácil, pois ele não exigirá sua devolução. Igualmente, se quem deve devolver algo é o cristão, ele por certo o fará. Mas seja ou não cristão qualquer um deles, é assim que você deve decidir. Se o devedor é pobre e não tem meios de fazer a devolução, ao passo que a outra pessoa não é pobre, você deveria dar livre curso à lei do amor e desobrigar o devedor. Pois a outra parte também se vê na obrigação, pela lei do amor, de perdoar o débito e até mesmo de dar mais, devido à necessidade do outro. Porém, se o devedor não for pobre, então que ele faça a restituição, tanto quanto possa, seja da totalidade, da metade, de um terço ou de um quarto, desde que você lhe deixe sua casa, alimento e vestuário para ele mesmo, sua mulher e seus filhos. Pois de qualquer modo você lhe deveria isso, caso tivesse meios de fornecê-lo; e muito menos deve tirá-lo dele, uma vez que você não precisa disso para si mesmo e ele não pode sobreviver sem isso.

Mas, se nenhum dos dois for cristão, ou se um deles não permitir que o assunto seja julgado segundo a lei do amor, você deveria deixá-los procurar um outro juiz e dizer ao credor não cristão que ele está agindo contra Deus e a lei natural, ainda que ele consiga a decisão austera a seu favor [que ele busca] de um juiz humano. Pois a natureza ensina o mesmo que o amor: não devo fazer o que não gostaria que me fizessem. E portanto eu não posso pilhar alguém, por melhor que seja minha alegação, uma vez que eu mesmo não quero ser pilhado. Aquilo que eu desejaria, num tal caso, é que a outra pessoa renunciasse a seu direito; portanto, também eu deveria renunciar ao meu. E é assim que os ganhos mal adquiridos deveriam ser tratados, quer fossem conseguidos às escondidas, quer abertamente, de modo que o amor e a lei natural sempre prevalecessem. Pois, quando você julga em concordância com o amor, facilmente distinguirá e decidirá todas as coisas, sem códigos de leis. Mas, se afastar as leis do amor e da natureza, jamais descobrirá o que é agradável a Deus, ainda que tenha engolido todos os livros de leis e todos os jurisconsultos. Ao contrário, quanto mais pensar sobre [o que aprende deles], mais louco você fica. O bom julgamento não deve ser buscado nos livros, mas surge a partir do bom senso livre, como se não existissem livros. Mas é o amor e a lei natural, com os quais está repleta toda a razão, que proporcionam um tal bom senso. Dos livros vêm decisões opressoras e incertas. Deixem-me dar-lhes um exemplo.

Conta-se uma história a respeito do duque Carlos da Borgonha. Certo nobre capturou seu inimigo. A mulher do cativo veio para pagar seu resgate. O nobre disse que lhe entregaria o homem se ela dormisse com ele. A mulher era virtuosa mas queria seu marido libertado, e por esse motivo procurou o esposo e perguntou-lhe se deveria fazer isso para conseguir sua libertação. O homem, que queria ser libertado e salvar a vida, o permitiu. Contudo, um dia depois de o nobre ter dormido com a mulher, ele ordenou a decapitação do esposo e o devolveu morto à mulher. Ela se queixou do sucedido ao duque Carlos, que intimou o nobre e ordenou-lhe que desposasse a mulher. Depois do dia das núpcias ele ordenou a decapitação do nobre, colocou a mulher na posse dos bens do marido e restaurou sua honra. Uma punição verdadeiramente principesca para a perversidade.

Ora, nenhum papa, nenhum jurista e nenhum livro poderiam tê-lo ensinado a dar um tal veredicto. Antes, ele se originou da razão desacorrentada, que é maior que todas as leis nos livros; trata-se de uma sentença tão justa que todos se veem obrigados a aprová-la e encontram escrito em seus corações que ela é correta. Agostinho escreve a mesma coisa em seu *De sermone Domini in monte*. E, portanto, a lei escrita deve ser tida em menor apreço do que a razão, pois com efeito a razão é a fonte de todas as leis, aquilo de onde elas brotam. A nascente não deve ser reprimida pelo córrego, e a razão não deve ser aprisionada por letras.

SOBRE O GOVERNO CIVIL

CALVINO: SOBRE O GOVERNO CIVIL

[Instituto Christianae Religionis,
Livro IV, capítulo 20]

O texto aqui traduzido é o da edição latina de 1559, mas a ele acrescentamos todas as variações substanciais que se encontram em outras edições latinas e francesas. Tais variantes estão referidas no próprio texto ou em notas de rodapé (v. pp. XXVI e XXVIII, acima).
As datas entre colchetes indicam a primeira vez em que surgiram as mais importantes edições posteriores ao texto da primeira edição. [1536:] assinala o retorno ao texto da primeira edição.
Os colchetes indicam também palavras inseridas pelo tradutor para completar o sentido da frase. (VF:) indica uma variação menor do latim nas versões francesas. Variantes mais importantes estão em notas de rodapé.
<> indica uma parte do texto latino omitida nas versões francesas.
Palavras seguidas por um asterisco são explicadas e discutidas no Glossário.

1. Nós mostramos que existem dois governos[1] aos quais a humanidade está submetida e já dissemos o suficiente sobre o primeiro deles, que rege a alma ou o interior do homem e diz respeito à vida eterna. Agora, nossa ordem de apresentação exige que digamos al-

---

[1] Na versão em latim consta: um governo dual (*duplex-regimen*); a versão francesa, que sigo nesse ponto, não enfatiza no mesmo grau a ligação entre os dois governos.

guma coisa sobre o segundo, cujo âmbito é o estabelecimento de uma justiça meramente civil e externa, uma justiça na conduta. [1559:] O que vou discutir pode parecer totalmente alheio a matérias de fé e doutrina espiritual[2], as quais constituem meu tema. Não obstante, o curso da discussão vai mostrar que estou certo ao ligar os dois tópicos <e, na verdade, não há como não ligá-los>. Especialmente porque, por um lado, existem (VF: hoje em dia) loucos e selvagens propensos a subverter essa ordem[3] estabelecida por Deus; e, por outro lado, existem os aduladores de príncipes que gabam o poderio[4] dos príncipes, sem [admitir] limites para este, e não hesitam em contrapô-lo à supremacia do próprio Deus. A menos que evitemos esses dois males, toda fé pura perecerá. A isso se deve acrescentar que é de grande benefício para nós[5] saber que cuidado misericordioso Deus tomou a esse respeito para o bem da humanidade, o que deveria nos incitar a um maior zelo em seu serviço, a fim de mostrar que não somos ingratos.

[1536:] Em primeiro lugar, antes de prosseguir neste assunto, devemos nos deter rapidamente (VF: recordar) na distinção que fizemos antes. Caso contrário, seremos levados a uma confusão imprudente entre as duas coisas que distinguimos, as quais são de natureza totalmente diversa. Isso ocorre frequentemente, pois, quando as pessoas ouvem dizer que o Evangelho promete uma liberdade que não admite nem reis nem magistrados* (VF: senhores) entre os homens, mas fundamenta-se apenas em Cristo, não podem imaginar que algum benefício possa resultar dessa liberdade, uma vez que elas mesmas se encontram submetidas a uma autoridade*, seja ela qual for. E julgam que nada vai correr bem, a menos que seja dada uma nova face ao mundo inteiro, sem tribunais, leis, magistrados ou qualquer coisa da mesma espécie que elas supõem possam obstruir

---

[2] Versão francesa: à teologia e à doutrina acerca da fé.

[3] Versão francesa: todas as instituições civis (*polices*), ainda que estabelecidas por Deus.

[4] O termo *potentia* (poderio), ao contrário de *potestas* e *imperium*, traduzidos nessa frase como "supremacia", não traz consigo conotação de legitimidade. V. Glossário: Autoridade.

[5] A versão francesa acrescenta: uma vez que isso nos educa (*pour estre edifiez*) no temor a Deus.

sua liberdade. Mas qualquer um que saiba como distinguir entre a alma e o corpo, entre esta vida transitória atual e a vida eterna que está por vir, não terá dificuldade em compreender que o reino espiritual de Cristo e o governo* civil são coisas muitíssimo distantes uma da outra. É uma insensatez judaica esperar o reino de Cristo entre as coisas que constituem este mundo e encarcerá-lo entre elas. Nossa opinião, sustentada pelas mais evidentes lições das Escrituras, é que, ao contrário, o fruto que colhemos da graça é um fruto espiritual. Portanto, devemos tomar todo o cuidado em confinar a liberdade que nos é prometida e oferecida em Cristo dentro de seus próprios limites. Como pode o mesmo apóstolo nos ordenar que nos mantenhamos inabaláveis e não nos submetamos ao jugo da servidão (Gl 5,1) e depois, em outra passagem, dizer aos servos que não devem ficar apreensivos com sua condição, a menos que seja porque a liberdade espiritual e a servidão civil podem muito bem permanecer juntas? É no mesmo sentido que devemos entender estas outras declarações suas: "No reino de Deus não há judeus ou gregos, machos ou fêmeas, escravos ou livres" (Gl 3,28). Ou ainda: "Não há judeus ou gregos, circuncisados ou incircuncisados, bárbaros ou citas, <escravos ou livres>, mas Cristo está todo em todos" (Cl 3,11). O apóstolo quer dizer que o *status* ou condição de vocês no mundo ou as leis da nação em que vivem são coisas sem importância, pois o reino de Cristo de modo algum é inerente a elas.

2. Mas essa distinção [entre os dois governos] não implica de modo algum que devamos considerar todas as coisas relacionadas ao governo* como se fossem algo impuro, sem nada a ver com os cristãos. Os visionários (VF: em nossos dias), [1555:] que se deleitam em desenfreada licenciosidade, [1536:] se vangloriam e alardeiam que, uma vez que nos tornamos mortos para este mundo através de Cristo, somos transportados para o reino de Deus e nos sentamos entre seres celestiais, está muito abaixo de nossa [nova] dignidade e excelência nos preocuparmos com tais assuntos profanos e corrompidos (VF: relacionados à atividade neste mundo), coisas totalmente alheias às preocupações adequadas a um cristão. Para que servem, perguntam eles, as leis sem julgamentos e cortes [judiciais]? E o que tem um cristão a fazer com tribunais? E, se não é correto matar, qual a utilidade de leis e cortes de justiça?

Acabamos de advertir que o governo* [secular] e o reino interno e espiritual de Cristo são muito diferentes. Mas devemos reconhecer igualmente que de modo algum são incompatíveis entre si. Pois desde já, enquanto ainda estamos na terra, o governo espiritual de Cristo estabelece em nós algumas fontes do reino celestial e, nesta vida mortal e evanescente, nos permite um certo antegozo da bem-aventurança incorruptível e imortal. A finalidade do governo secular, porém, enquanto permanecermos neste mundo, consiste em [1559:] favorecer e proteger o culto exterior a Deus, defender a pura doutrina (VF: e a religião) e a boa condição da Igreja, harmonizar nossa maneira de viver à [exigências da] sociedade humana, [1536:] moldar nossa conduta à justiça civil, reconciliar-nos uns com os outros e sustentar e defender a paz e a tranquilidade gerais. Reconheço que tudo isso seria supérfluo se o reino de Deus, tal como existe agora entre nós, colocasse um término à presente vida. Mas, se é a vontade de Deus que, durante o tempo em que ainda estamos ansiando por nosso [verdadeiro] lar, estejamos em peregrinação[6] sobre a terra e que tais auxílios sejam necessários para nossa jornada, então aqueles que privam os homens desses auxílios roubam-lhes a natureza humana[7]. Quanto a sua pretensão de que a perfeição da Igreja de Deus deve ser tão grande a ponto de tornar supérfluos todos os outros governos e leis[8], isso não passa de estupidez, pois é imaginar uma perfeição tal que jamais pode ser encontrada em qualquer associação de seres humanos. A desfaçatez dos iníquos é tão grande, e sua maldade tão incorrigível, que [até mesmo] leis de grande severidade mal conseguem reprimi-los. Se nem mesmo a força é suficiente para impedi-los de praticar más ações, como seria de esperar que eles agissem uma vez [que tivessem] visto que poderiam praticar, com impunidade, as maldades que lhes aprouvessem?

---

[6] *Peregrinari*; o texto francês substitui "peregrinação" por "viagem", o que, naturalmente, é também uma possível tradução do termo latino.

[7] Segui a versão francesa; no texto em latim consta *humanitas*, uma das palavras favoritas de Calvino, mas que é ambígua nesse ponto.

[8] Essa sentença bastante elíptica requer complementação por alguma frase tal como: "qualquer outro governo, excetuados o governo não coercitivo e as leis livremente observadas que caracterizam a verdadeira Igreja...".

3. Haverá, porém, uma ocasião mais apropriada para falar acerca dos benefícios da ordem civil*. No presente momento, a única coisa que deve ser claramente compreendida é que [até mesmo] pensar em aboli-la constitui uma barbaridade monstruosa. A humanidade obtém tanto benefício da ordem civil quanto do pão, da água, do sol e do ar, e a dignidade daquela é muito superior à de qualquer destes. Pois, ao contrário de todos eles, a ordem civil não está apenas relacionada ao <respirar>, comer, beber e florescer dos homens (embora certamente abranja tudo isso, ao tornar possível a associação humana). Sua preocupação, afirmo, não é apenas com essas atividades, mas, o que é mais [importante], ela impede idolatrias, sacrilégios contra o nome de Deus, blasfêmias contra sua verdade e outros escândalos para com a religião de emergirem à luz do dia e de se espalharem (VF: serem semeados) entre o povo; impede perturbações da tranquilidade pública; permite que cada um permaneça seguro e ileso no gozo daquilo que é seu; torna possíveis contatos inocentes entre as pessoas; [1539:] e zela pelo cultivo da conduta íntegra e da decência. [1536:] Em resumo, a ordem civil apoia uma forma pública de religião entre os cristãos e de humanidade entre os homens. Nem deveria preocupar a qualquer pessoa que eu esteja agora atribuindo à ordem civil* humana aquele cuidado pela ordenação correta da religião[9], a qual pareço ter antes colocado fora da determinação [meramente] humana. Sou partidário de uma ordem* política que toma a seu cargo impedir que a verdadeira religião, a qual está contida na lei de Deus, seja manchada e violada com impunidade pela heresia pública e ostensiva. Ao fazê-lo, porém, não permito aos homens, assim como não permitia antes, fazer leis referentes à religião e ao culto a Deus de acordo com seu capricho.

No entanto, se tratarmos separadamente as várias partes do assunto, a própria clareza da ordem de exposição auxiliará o leitor a

---

[9] Versão francesa: *de bien ordonner la religion*; no texto em latim consta: *recte constituendae religionin curam*, onde *constituendae*, a exemplo de todos os compostos em *-stituo* de Calvino, é ambíguo, podendo significar qualquer coisa desde "organizar algo novo" até "conservar"; daí a ambiguidade de minha tradução. A tradução de Thomas Norton (1561) é: "the care of [e]stablishing of religion..." (o cuidado de estabelecer/consolidar a religião).

compreender melhor o que pensar acerca de toda a questão do governo* civil. Existem três dessas partes. A primeira é a do magistrado*, o defensor e guardião das leis. A segunda é a das próprias leis, em conformidade com as quais o magistrado governa. A terceira é a do povo, que é governado pelas leis e obedece ao magistrado[10]. Consequentemente, vamos tratar primeiro do ofício da magistratura e verificar se é uma vocação legítima aprovada por Deus, quais são os deveres do ofício e até onde se estende sua autoridade. A seguir, por quais leis uma unidade política* cristã deve ser governada. E, finalmente, que benefícios as pessoas obtêm das leis e que tipo de obediência devem a seu magistrado[11].

4. No que diz respeito ao ofício* de magistrado: nosso Senhor não só declarou que lhe é aceitável e aprovado por ele, mas (o que é mais importante) louvou-nos especialmente sua dignidade, ao ornamentá-lo com títulos da mais elevada honraria. Para citar apenas alguns exemplos: todos aqueles que ocupam o cargo de magistrado[12] são chamados de deuses (Ex 22,8; Sl 82,1.6). Esse título não deve ser considerado como possuidor de pouca importância, pois mostra que eles têm[13] uma comissão de Deus, que são contemplados com a autoridade divina e que na verdade representam sua pessoa, agindo num certo sentido em seu lugar. Isso não é um sofisma de minha parte[14]; trata-se antes da interpretação do próprio Cristo, quando ele diz: "Se a lei chamou deuses àqueles a quem a palavra de Deus é dirigida..." (Jo 10,35). Que mais pode isso significar senão que eles receberam um encargo e uma comissão de Deus para servi-lo em seu ofício? E, como disseram Moisés e Josafá aos juízes que haviam estabelecido para todas as cidades de Judá (Dt 1,16; 2Cr 19,6): [eles deveriam] realizar a justiça não em nome dos ho-

---

[10] Na versão francesa, que em geral é mais exortatória, consta: deve ser governado pelas leis e deve obedecer ao magistrado.

[11] Versão francesa: que uso as pessoas podem fazer das leis e que obediência devem a seu superior.

[12] Versão francesa: estão colocados numa posição de preeminência.

[13] Na versão francesa das duas linhas seguintes lê-se: que eles estão autorizados por ele e representam sua pessoa, sendo em certa medida seus representantes (*vicaires*).

[14] Versão francesa: isso não é uma interpretação falsa que vem de minha própria cabeça.

mens, mas em nome de Deus. Aquilo que a sabedoria de Deus proclama pela boca de Salomão tem o mesmo sentido: é obra sua que os reis reinem e os conselheiros tomem decisões justas; que os príncipes exerçam sua dignidade e que todos os juízes da terra sejam generosos[15] (Pr 6,15-16). O que equivale a dizer que não é absolutamente pela iniquidade dos homens que os reis e outros superiores* obtêm seu poder sobre todas as coisas na terra; ao contrário, este resulta da providência e da sagrada ordenação de Deus, cuja vontade é ter a humanidade governada dessa maneira. [1539:] <Pois ele está presente com eles e com efeito os dirige, quando fazem leis e enunciam sentenças justas>. [1536:] Evidentemente, também é isso o que ensina Paulo quando inclui as "posições de autoridade"* entre as dádivas de Deus, as quais, como são distribuídas entre os homens de maneira diferenciada, segundo a diversidade da graça, devem ser utilizadas pelos servos de Cristo para a construção da Igreja (Rm 12,8). [1539:] É verdade que ele aqui está se referindo especificamente ao conselho dos homens prudentes[16] que foi estabelecido nos primórdios da Igreja para supervisionar a disciplina pública, um ofício a que ele chama <*kyberneseis*> "governo" na Epístola aos Coríntios (1Cor 12,28). Todavia, uma vez que vemos a autoridade civil tender para o mesmo fim, não há dúvida de que ele está louvando toda autoridade* justa. [1536:] E tal ponto torna-se ainda mais claro quando Paulo volta-se precisamente para esse assunto. Pois ele ensina que todo poder* existe por determinação divina e que não há nenhum poder que não seja estabelecido por Deus. [Ele prossegue e afirma] que os príncipes são ministros de Deus, encarregados de honrar aqueles que agem corretamente e de executar a vingança de sua ira contra os que praticam o mal (Rm 13-14). A esse respeito, podemos também citar o exemplo de homens santos, alguns dos quais governaram com o título de reis, entre eles Davi, Josias e Ezequias, enquanto outros ocuparam altos cargos de gover-

[15] Versão francesa: e que os juízes da terra sejam equitativos. O texto latino também poderia ser traduzido como: os reis e todos os generosos juízes da terra exerçam o seu principado.

[16] Na versão francesa Calvino usa o termo "Assembleia dos Anciãos". Aqui ele está procurando, de passagem, por assim dizer, garantia evangélica para o Consistório, que representou sua mais notável contribuição para a ordem pública de Genebra.

no, como José e Daniel, e outros ainda tiveram o governo de um povo livre, como Moisés, Josué e os Juízes; sabemos que os ofícios* de todos eles eram agradáveis a Deus, pois ele declarou que assim eram. Por conseguinte, não pode haver dúvida de que, aos olhos de Deus, a autoridade civil (VF: a superioridade) não é simplesmente uma vocação sagrada e legítima, mas, em alto grau, a mais sagrada e honrosa de todas as vocações[17].

5. [1559] Aqueles que pretendem instaurar a anarquia[18] replicam que, embora em tempos passados houvesse reis e juízes (VF: regentes) sobre (VF: os judeus, pois eles eram) um povo rude e bárbaro, em nossos dias um tal modo servil de governo mostra-se totalmente inadequado; não pode se enquadrar com a perfeição que Cristo nos trouxe em seu Evangelho. Com isso, eles exibem sua estupidez bem como seu orgulho diabólico, reivindicando um grau de perfeição do qual não vemos neles nem mesmo a centésima parte. Porém, deixando de lado sua moral e conduta, é bastante fácil contestar sua alegação. Pois, quando Davi exorta os reis e todos os governantes (VF: príncipes) a beijar o Filho de Deus (VF: como um sinal de homenagem), ele não ordena que abram mão de seu poder (VF: desistam de sua condição) e se retirem para a vida privada (VF: se tornem pessoas particulares), mas antes que submetam a Cristo o poder neles investido, de modo que apenas ele possa ter preeminência sobre todos. No mesmo sentido, quando Isaías profetizou que os reis seriam os tutores da Igreja e as rainhas as suas amas de leite (Is 49,23), ele não desnuda os reis e as rainhas de suas honrarias; ao contrário, investe-os com o honroso título de protetores dos fiéis servos de Deus[19]. Isso porque essa profecia se refere à vinda de Cristo. Omiti deliberadamente muitos outros testemunhos encontrados em várias passagens [das Escrituras], especialmente nos Salmos, que afirmam o direito de todos os superiores*. Existe, po-

---

[17] Literalmente: na vida inteira dos homens mortais. Calvino está dizendo aqui que o ministério eclesiástico é menos honroso que a magistratura civil enquanto vocação ou quer dizer que o primeiro não é uma vocação “na vida inteira dos homens mortais”? A versão francesa descarta a obscuridade, lendo-se simplesmente: entre todas as demais vocações.

[18] Versão francesa: aqueles desejosos de que os seres humanos vivam desordenadamente, como ratos no palheiro.

[19] Aqui minha tradução segue a versão francesa.

rém, uma passagem em Paulo mais notável que todas as demais. Ele admoesta Timóteo a mandar fazer orações públicas pelos reis e acrescenta de imediato a razão: para que possamos viver sossegadamente sob eles, com toda a piedade* e honestidade (1Tm 2,2)[20]. Com tais palavras, Paulo está consignando a eles o bem-estar da Igreja, na qualidade de seus protetores e guardiões.

6. [1536:] Os magistrados devem meditar constantemente sobre esse ponto, uma vez que ele pode ser um aguilhão a incitá-los a cumprir seu dever e pode trazer-lhes maravilhoso conforto, mitigando as dificuldades (VF: e contrariedades) inerentes a seu ofício, as quais certamente são muitas e graves. Não estabelecerão eles para si mesmos os mais elevados padrões de integridade, discernimento, clemência, moderação e inocência, quando eles próprios reconhecem terem sido ordenados ministros da justiça divina? Como terão a impudência de admitir qualquer iniquidade perante sua cadeira [judicial], quando ouvirem que é o trono do Deus vivo? Proferir uma sentença injusta com a boca que sabem destinada a ser um órgão da verdade divina? Permitir-lhes-ão suas consciências assinar algum decreto iníquo com a mão que sabem ordenada a escrever as leis de Deus? Em suma, se eles lembrarem que são representantes[21] de Deus, terão de aplicar toda a sua energia, zelo e solicitude à tarefa de representar diante dos homens uma imagem, por assim dizer, de providência, proteção, bondade, benevolência e justiça de Deus. Mais ainda, devem sempre ter em mente que, se são malditos todos aqueles que fazem com negligência o trabalho de executar a vingança de Deus (Jr 48,10), ainda mais malditos serão eles, caso se portem deslealmente em uma vocação a tal ponto justa. Desse modo, quando o propósito de Moisés e Josafá era exortar seus juízes a cumprir seu dever, não puderam encontrar nada mais adequado para animar seus corações do que [a exortação] que mencionamos antes: "Vede bem o que fazeis, pois de modo algum julgais em nome de homens mortais, senão em nome de Deus, que está convosco quando pronunciais uma sentença. Portanto, que o temor de Deus esteja sobre

---

[20] Na versão francesa consta: com temor a Deus e honestidade (*honnêtété*).

[21] Nesse ponto, *vicarios*, *vicaires*. Para outros termos, v. notas 22 e 24.

vós; e tomai cuidado com o que fazeis, pois não há no Senhor nosso Deus iniquidade" (Dt 1,16; 2Cr 19,6). E em outra passagem está escrito que "Deus se levantou na congregação dos deuses e que em meio aos deuses ele julga" (Sl 82,1). Escutar que eles são os legados[22] de Deus e que um dia terão de prestar contas a ele de como governaram suas províncias deveria incitá-los a cumprir seu dever. E essa advertência deveria pesar muito para eles. Pois, se forem culpados de negligência no cumprimento do dever, não apenas causam injúria[23] às pessoas pelos crimes que cometem contra elas, mas a [o próprio] Deus, cujos julgamentos sagrados profanam. Por outro lado, [os magistrados] podem obter o mais amplo conforto da reflexão de que sua ocupação (VF: vocação) não é de natureza profana, estranha aos servos de Deus, mas sim a mais sagrada comissão, pois é como legados de Deus que eles agem[24].

7. Quanto àqueles que permanecem inabaláveis diante de tantas evidências originárias das Escrituras e ousam condenar este sagrado ministério (VF: vocação)[25] como se fosse algo totalmente contrário à religião e à devoção* cristãs: não é isso insultar o próprio Deus? É impossível desprezar os ministros de Deus sem desonrar o próprio Deus. Na verdade, porém, não são os magistrados que tais pessoas rejeitam, mas antes Deus e seu governo. Pois, se foi corretamente dito a respeito do povo de Israel, quando rejeitaram o governo de Samuel (1Sm 8,7), que não permitiriam [Deus] reinar sobre eles, por que não poderia a mesma coisa ser dita hoje, com igual justeza, sobre aqueles que se concedem permissão para caluniar todas as posições de autoridade* instituídas por Deus? Mas [eles afirmam que] Deus proíbe todos os cristãos de se ocuparem com reinos e

---

22 Versão francesa: "Deveria tocar os corações de todos [os superiores]..." Um legado era um enviado plenipotenciário de um imperador (e também, está claro, de um papa). Evidentemente considerando o ponto demasiado técnico, a versão francesa traz "representantes" (*lieutenants*) e comissão (*charge*).

23 *Iniuria, iniure*, termo ambíguo, entre "ferimento, dano" e "injustiça".

24 *Legatione funguntur*; a versão francesa mais uma vez omite a alusão ao "legado" (v. nota 22) e diz simplesmente *office*.

25 Aqui e na frase seguinte, Calvino usa as mesmas palavras, *ministerium/ministère* e *minister/ministre*, com as quais em outras passagens refere-se aos pastores e a seu ofício. A comparação implícita é bastante deliberada, pois ele utiliza repetidas vezes a descrição; v., para outros exemplos, as notas 55, 77, 80, 82, 90.

posições de autoridade, pois ele diz a seus discípulos que os reis das nações dominam sobre elas, mas que não deve ser assim entre [cristãos], onde aquele que é o maior deve tornar-se o menor (Lc 22,25-26). Que habilidosos intérpretes! Havia surgido uma contenda entre os discípulos (VF: apóstolos) acerca de saber a qual deles deveria ser concedida a primazia. Para censurar uma tal presunção, o Senhor declara que seu ministério não é como a realeza, onde um único tem precedência sobre todos os demais. De que modo, posso perguntar, uma tal comparação diminui a dignidade dos reis? De fato, mostra ela algo além de que o ofício (VF: condição) de rei não é [a mesma coisa que] o ministério de um apóstolo? E mais, embora existam várias modalidades e espécies de magistratura (VF: de superiores), mesmo assim não diferem absolutamente em um aspecto, a saber, o de que devemos aceitá-las como categorias[26] estabelecidas por Deus. Paulo as inclui a todas quando afirma que não há poder que não venha de Deus (Rm 13,1). E a forma que era a menos aprazível aos homens foi escolhida para aprovação acima de todas as outras, a saber, o poder exercido por um só homem. [Isso] jamais foi agradável aos espíritos mais nobres e heroicos dos antigos dias[27], porque essa [forma de governo] traz consigo a servidão geral de todos, exceto de uma pessoa, a cujo arbítrio e desejo todos os restantes estão submetidos. Mas as Escrituras, para afastar a perniciosidade de tais opiniões[28], afirmam especificamente que é pela providência da sabedoria divina que os reis reinam (Pr 8,15) e ordenam particularmente que os reis sejam honrados (1Pd 2,17)

8.[29] Seria [1536: É] totalmente sem sentido homens privados, que não têm direito de decidir como uma unidade política*, qual-

---

[26] Versão francesa: como ministros ordenados por Deus. O termo latino é *ondo*, significando uma categoria, um *status*, estado, condição. V. Glossário: Lutero – Estado.

[27] Versão francesa: isso jamais foi adequado a quaisquer pessoas de espírito nobre e excelente.

[28] Versão francesa: esta perniciosidade de juízos [meramente] humanos.

[29] Essa é a seção mais alterada e mais repetidamente alterada de todo o capítulo e também aquela na qual as versões francesa e latina, bem como os sucessivos acréscimos a cada versão, diferem mais amplamente. Apresentei, portanto, em um adendo (p. 139), uma tradução separada da versão francesa. Uma discussão a respeito do significado dos sucessivos acréscimos (não houve reduções) pode ser encontrada em meu livro *Christian Polity* (Cambridge, Cambridge University Press, 1982), pp. 153-5.

quer que seja ela, deve ser ordenada, discutirem qual deveria ser o melhor estado da organização política [1543:] no lugar onde vivem[30]. [1536:] Além disso, seria temerário [tentar] decidir a questão sem [estabelecer] ressalvas, visto que o que é fundamental para esse debate são as circunstâncias. E ainda que se comparem várias formas de governo* sem que se levem em consideração as circunstâncias, não é fácil decidir qual a [forma] mais benéfica, tão equitativamente equilibradas são suas vantagens e desvantagens respectivas. A monarquia pode degenerar em uma tirania. A aristocracia, porém, transforma-se quase tão facilmente no governo de uma facção. E [a degeneração de] um governo do povo em insubordinação e revolta é o caso mais fácil de todos. [1543:] Admito de imediato que, se as três formas de governo a que se referem os filósofos forem consideradas em si mesmas, a aristocracia, seja em sua forma pura, seja em uma forma mista, combinando a aristocracia e o governo constitucional[31], excederá em muito todas as demais formas. [1559:] Isso não acontece, todavia, por aquela forma ser inerentemente superior, mas [antes] porque é muito raro que os reis exerçam um autocontrole tal que sua vontade jamais se afaste daquilo que é justo e direito. E é igualmente raro que os reis sejam dotados de uma ponderação e sagacidade de compreensão tais que sejam

---

[30] O texto original de 1536 parecia proibir a todas as pessoas exceto às "pessoas públicas", isto é, os governantes, até mesmo a discussão abstrata da questão da melhor forma de governo/organização política. Uma vez que esse era um tópico fundamental de discussão tanto entre escolásticos quanto entre humanistas e, de qualquer modo, como o próprio Calvino (ele mesmo uma "pessoa privada", no sentido relevante da expressão), por volta de 1543, também pretendia discutir o assunto, ele acrescentou "no lugar onde vivem". Observe-se ainda que o latim é suficientemente ambíguo para permitir a leitura: "homens privados, que não têm direito de discutir (*deliberare*) nenhum assunto dos negócios públicos. Não tenho certeza de que não foi isso o que Calvino quis dizer; de qualquer forma, sua linguagem displicente ou equívoca é sintomática de sua hostilidade a projetos políticos de qualquer espécie da parte de homens privados.

[31] Calvino está aqui empregando o termo aristotélico *politeia* em sua versão latina. Em sua *Política* (Livro 4, capítulo 2), Aristóteles distinguiu entre duas formas de governo dos cidadãos, uma forma corrompida, a que chamou "democracia", e outra incorrupta, uma espécie de governo "legal" ou "constitucional", a que chamou "ordem constitucional", "governo constitucional". Os escritores escolásticos nem sempre se deram ao trabalho de fazer essa distinção e em geral usaram indiscriminadamente o termo "democracia" para todas as formas de governo do povo. Deve-se observar que o próprio Calvino segue essa prática na versão francesa. V. Glossário: Governo.

[sempre] capazes de discernir aquilo que é bom e proveitoso. Portanto, são os vícios ou imperfeições da humanidade que tornam mais seguro e mais tolerável que várias pessoas governem [em conjunto], todas auxiliando, instruindo e admoestando umas às outras; de tal modo que, se alguma delas atribuir indevidamente a si mais do que está autorizada a fazer, haverá outras para intervir censurando-a e dominando-a, de modo que refreie sua indisciplina. [1543:] A experiência sempre corroborou isso[32], e o Senhor o confirmou por meio de sua própria autoridade quando instituiu entre os israelitas uma aristocracia limítrofe ao governo constitucional[33], uma vez que ele desejava conservá-los na melhor condição possível [1559:] até o momento em que apresentaria uma imagem de Cristo em [o rei] Davi. [1543:] Admito de bom grado que nenhuma forma de governo é melhor do que aquela na qual estão reconciliados a liberdade e o grau correto de coerção, [um governo] corretamente ordenado de modo que seja duradouro. Consequentemente, considero os mais afortunados[34] aqueles que têm permissão de gozar de uma tal condição; e, se eles sempre fizerem o máximo possível para protegê-la e conservá-la, julgo que isso não é mais do que seu dever. E, mais importante ainda, os magistrados[35] [sob essa forma de governo] devem envidar todos os esforços para impedir qualquer diminuição e, ainda pior, qualquer violação daquela liberdade da qual foram apontados guardiões. Se forem indolentes ou descuidados em relação a esse ponto, serão traidores de seu cargo e de sua região.

Mas, se aqueles aos quais o Senhor atribuiu alguma outra forma de governo fossem considerar para si o que eu disse como algo possuidor de relevância, e consequentemente fossem tentados a levar a

---

[32] Nesse ponto, um "isso" em flutuação livre parece significar "a veracidade do que estou afirmando".

[33] V. nota 31, acima.

[34] A palavra que Calvino emprega é *beatos*, "abençoados", que não consigo me forçar a usar; "feliz" seria igualmente mau. É claro que Calvino rejeitava qualquer noção de "fortuna", de modo que minha tradução tampouco é inteiramente satisfatória, mas o próprio Calvino usa ocasionalmente o termo, como por exemplo na seção 28.

[35] Calvino está aqui, como faz usualmente, empregando o termo republicano para o detentor de um cargo público (v. Glossário: Magistrado), mas nenhuma outra palavra teria sido apropriada nesse contexto específico.

efeito uma sublevação ou alguma mudança, essa não seria apenas uma ideia tola e sem sentido, mas igualmente uma ideia perniciosa. [1536:] Se vocês não limitarem suas reflexões a apenas uma unidade política isolada, mas considerarem o mundo como um todo ou, pelo menos, algumas regiões mais distantes, verificarão que não foi sem um bom propósito que a divina providência estabeleceu que regiões diferentes sejam governadas por modalidades diferentes de regime*. Pois, assim como os elementos só se conservam unidos porque têm proporções diferentes, do mesmo modo [cada governo] permanece unido mais firmemente apenas em virtude de uma certa desigualdade. Tudo isso é supérfluo, porém, para aqueles a quem a vontade de Deus constitui razão suficiente. Isso porque, se lhe pareceu conveniente colocar os reis sobre os reinos e os senadores ou outros oficiais[36] sobre unidades políticas livres, de nossa parte devemos ser obedientes e cumpridores de nossos deveres para com todo aquele que ele tenha designado governante do lugar onde habitamos.

9. Este é o momento para dizer uma palavra de passagem acerca dos deveres dos magistrados*, acerca do que eles são e daquilo que a Palavra de Deus diz sobre eles. [1559:] E, mesmo se as Escrituras não nos ensinassem que a competência do magistrado se estende a ambas as Tábuas do Decálogo[37], ainda assim poderíamos aprender com os autores pagãos[38]. Não há um único entre eles que, ao tratar dos deveres dos magistrados, da elaboração de leis e da ordem civil[39], não comece pela religião e pelo culto ao divino. Ao fazê-lo, todos eles reconheceram que nenhuma unidade política pode ser bem constituída a menos que faça das obrigações* [devidas] a Deus

---

[36] Literalmente: "decuriões". Não sei por que Calvino escolheu mencionar esses oficiais relativamente obscuros da república romana; a referência é eliminada na versão francesa.

[37] Era um lugar comum da teologia e da devoção dividir o Decálogo em duas Tábuas, a primeira referente aos deveres para com Deus, a segunda aos deveres em relação a nosso próximo.

[38] Em outras palavras, com os autores clássicos favoritos dos humanistas. A ênfase em tais escritores serem "pagãos" (minha tradução de *profanis*) é descartável, mas apesar disso Calvino não pôde se omitir de citá-los, quando isso é adequado a seu livro.

[39] A versão francesa traz "ordenar a organização civil"; a latina, apenas "condição da coisa pública" (*publico statu*).

sua primeira preocupação, e que é um absurdo[40] as leis cuidarem [apenas] do bem-estar dos homens, sem darem atenção ao que é devido a Deus. Desse modo, uma vez que todos os filósofos concedem posição de destaque à religião, e uma vez que a totalidade da raça humana esteve sempre de acordo em respeitar isto [tal primazia], os príncipes e magistrados cristãos deveriam se envergonhar de qualquer negligência no cumprimento desse dever. Já mostramos que Deus designou-lhes como área de especial interesse tudo quanto se relaciona à religião; nada mais justo que eles preservem e afirmem a glória daquele de quem são representantes e por cuja graça e concessão governam. Certos reis consagrados são muito louvados nas Escrituras por terem restaurado a adoração a Deus quando esta havia sido corrompida ou aniquilada e por tornarem sua preocupação principal fazer com que a religião florescesse pura e ilesa em seu governo. Ao contrário, a história sagrada alinha entre os males as condições anárquicas: uma vez que não havia rei em Israel, cada homem fazia o que lhe agradava (Jz 21,25)[41]. Como consequência, aqueles que pretendem limitar seus esforços unicamente em fazer justiça entre os homens, sem nenhuma preocupação para com Deus, são culpados de estupidez[42]. Como se Deus tivesse estabelecido superiores para decidir em seu nome as controvérsias mundanas, mas tivesse se descuidado de providenciar em relação àquilo que é de muito maior importância, a saber, que ele fosse reverenciado de maneira pura, segundo as normas prescritas em sua Lei. Mas tamanha é a paixão deles por inovar em tudo com impunidade, que esses turbulentos (VF: espíritos) querem a eliminação de todos os que defendam o serviço a Deus* quando este é violado.

No que se refere à Segunda Tábua, [1536:] Jeremias diz aos reis (22,3) que eles devem exercer o juízo e a justiça, e livrar o espoliado

---

[40] Versão francesa: colocar a carroça na frente dos bois.

[41] A versão francesa aperfeiçoa essa frase incompleta apresentando-a assim: a história sagrada [conta como um] entre os males que traz a falta de um bom governante o fato de as superstições correrem com rédea solta, pois não havia rei...

[42] Isso parece ser uma alusão a Sébastien Châteillon (Castellio) e outros partidários da tolerância religiosa, com os quais Calvino e seu principal colaborador, Theodore de Bèze, tinham por essa época muitas dificuldades. V. Sébastien Châteillon (Castellio), *Conseil à la France desolée*, e a introdução, pp. XVII, XLII; e Theodore de Bèze (Beza), *De justa haereticorum... punitione*, e a Cronologia, pp. LIV-LV.

das mãos de seus opressores, e não oprimir o estrangeiro, a viúva e o órfão, nem cometer violência ou derramar sangue inocente. No mesmo sentido é a exortação que encontramos no Salmo 82 (3,4), de que eles devem fazer justiça ao pobre e ao aflito, aliviar a sorte dos que se encontram na pobreza e na carência e livrar os pobres e necessitados das mãos de seus opressores. E Moisés (Dt 1,16) diz aos governantes que ele designou para reger como seus representantes que eles devem ouvir a causa entre seus irmãos, julgando entre irmão e irmão e entre os estrangeiros; que eles não devem atentar para pessoa alguma em juízo, ouvindo o pequeno assim como o grande e sem temer a face de ninguém, porque o juízo é de Deus. Deixo de lado [o que está escrito alhures], que os reis não devem acumular para si cavalos (Dt 17,16), nem voltar suas mentes para a cobiça, nem se levantar com orgulho sobre seus irmãos; que eles devem ser devotados, meditando sobre a Lei de Deus todos os dias de suas vidas; que os juízes devem ser imparciais (16,19); que eles não devem aceitar "presentes"; e tudo o mais no mesmo sentido que possa ser encontrado nas Escrituras. Isso porque, ao explicar os deveres dos magistrados, minha finalidade não é tanto a de ensinar aos próprios magistrados quanto a de ensinar aos outros o que são os magistrados e por que motivo Deus os instituiu. Vemos, portanto, que eles foram designados protetores e defensores da inocência, propriedade, honestidade e tranquilidade públicas e que seu único empenho deve ser o de garantir a paz e o bem-estar gerais. Davi declarou que, uma vez alçado ao trono real, ele evidenciara a todos essas virtudes (Sl 101); isto é, que ele não seria partícipe em nenhum crime, mas odiaria os perversos, os caluniadores e os de olhar altivo e coração sombrio e procuraria por toda a parte ministros íntegros e leais (Sl 101). Mas, uma vez que os magistrados não podem desempenhar [as tarefas a eles designadas] a menos que protejam os homens bons das injustiças dos maus e defendam os oprimidos, eles foram armados com o poder*, para reprimir os <que praticam o mal e os> criminosos, cuja iniquidade perturba e atormenta a tranquilidade pública. Conhecemos por experiência a veracidade da afirmação de Sólon, de que todas as unidades políticas* são conservadas em existência por meio de recompensas e punições;

se estas forem afastadas, toda a disciplina das organizações políticas* entra em colapso e desaparece. Isso porque, em muitos corações, uma preocupação por aquilo que é direito e justo arrefece, a menos que honrarias sejam atribuídas à virtude; enquanto a depravação dos maus não pode ser refreada a não ser pela severidade e pelo conhecimento de que serão punidos. E essas duas [recompensas e punições] estão incluídas no que diz o profeta (Jr 21,12; 22,3) quando ordena aos reis e a outros superiores prestar julgamento e justiça. Pois a justiça significa colocar o inocente sob proteção, tratá-lo carinhosamente, resguardá-lo, defendê-lo e salvá-lo. E o julgamento significa tomar posição contra a insolência dos maus, reprimir sua violência e punir seus crimes[43].

10. Mas aqui, aparentemente, coloca-se uma questão difícil e perturbadora. Se a Lei de Deus (Ex 20,13; Dt 5,17; Mt 5,21) proíbe todos os cristãos de matar, e se o profeta (Is 11,9; 65,25) vaticina que eles nem farão mal algum nem matarão ninguém no santo monte de Deus (a Igreja, em outras palavras), como podem os magistrados ser ao mesmo tempo cumpridores de seus deveres* para com Deus e derramar sangue? Se compreendermos, porém, que, quando os magistrados infligem uma punição, não se trata de um ato deles mesmos, mas apenas da execução dos [próprios] juízos de Deus, não seremos inibidos por nenhum escrúpulo a esse respeito. A Lei de Deus proíbe matar. Todavia, para que os assassinos não escapem sem punição, o próprio legislador coloca a espada nas mãos de seus ministros, para ser usada contra todos os assassinos. Fazer mal e matar não são as ações de homens devotos*, mas vingar, por ordem de Deus, os tormentos que recaem sobre os devotos não significa "fazer mal ou matar". Se ao menos esta consideração estivesse sempre presente em nossas mentes: na punição, nada é feito pela presunção humana, mas por ordem e autoridade de Deus. <E, quando esta vem em primeiro lugar, jamais há desvio do caminho

[43] Essa exegese inventada em larga medida daquilo que Calvino certamente devia saber que era apenas um pleonasmo enfático da espécie habitual no Velho Testamento ilustra sua relutância em permitir qualquer autoridade independente para a razão simplesmente humana, em contraposição às Escrituras.

correto.>[44] A menos que talvez a justiça divina deva ser refreada, de modo que a impeça de punir crimes[45]. E, se não é admissível a imposição de uma lei a Deus, por que injuriamos seus ministros?[46] Eles não trazem debalde a espada, diz São Paulo (Rm 13,4), porque são ministros de Deus, para executarem sua ira e levarem a vingança ao que faz o mal. Portanto, se os príncipes e outros superiores souberem que não existe nada mais agradável ao Senhor do que sua obediência, que não poupem esforços em exercer este ministério, caso tenham efetivamente algum desejo de agradar a Deus por sua devoção*, obediência e justiça. Foi certamente esse desejo que impeliu Moisés quando ele matou o egípcio, sabendo-se destinado pelo poder de Deus a ser o libertador de seu povo (Ex 2,12); e também quando ele abateu três mil pessoas em um só dia, para punir a idolatria do povo (32,27). E foi o mesmo desejo que moveu Davi, quando, no fim de sua vida, ordenou que seu filho Salomão matasse Joab e Semei (1Rs 2,5). Esse também é o motivo pelo qual ele menciona (Sl 101,8) entre as virtudes reais "a destruição dos iníquos da terra", para que todos os que fazem o mal pudessem ser eliminados da cidade de Deus. Aqui também cabe o louvor que é concedido a Salomão (Sl 45,7): "Tu amas a justiça e aborreces a impiedade." Como foi possível que Moisés, normalmente de uma índole gentil e pacífica, alcançasse um tal paroxismo de crueldade a ponto de correr pelo acampamento ansioso por ainda mais mortes, quando ele já estava salpicado e pingando com o sangue de seus irmãos? Como foi possível que Davi, um homem de grande suavidade durante sua vida inteira, tivesse essa última vontade e esse testamento sequioso de sangue como seu último alento: que seu filho

---

[44] Nesse ponto, todas as versões francesas acrescentam o seguinte: daí é fácil concluir que, a esse respeito, eles [os magistrados] não estão sujeitos à lei geral, mediante a qual o Senhor efetivamente ata as mãos de toda a humanidade, mas não coloca grilhões em sua própria justiça, que é executada pelas mãos dos magistrados. No mesmo sentido, quando um príncipe proíbe todos os seus súditos de portarem armas ou de ferirem qualquer pessoa, ele não obstante não impede [por isso] os seus próprios oficiais de executarem essa justiça que ele lhes atribuiu expressamente.

[45] Versão francesa: quando levamos isso em consideração, não encontramos nada a reprovar na vingança pública, a menos que nos proponhamos impedir a justiça de Deus na punição dos malfeitores.

[46] V. nota 25, acima.

não deveria permitir que Joab e Semei fossem com os cabelos brancos e em paz para seus túmulos (1Rs 2,3; 6,8)? A selvageria (VF: se é que efetivamente deve ser chamada assim) tanto de Moisés quanto de Davi santificou aquelas mãos que eles teriam profanado pela piedade, pois era a vingança que Deus lhes havia ordenado que eles estavam executando. "Abominação é para os reis o praticarem a impiedade", diz Salomão (Pr 16,12), "porque com justiça se estabelece o trono." E também (20,8): "Assentando-se o rei no trono do juízo, com seus olhos dissipa todo o mal" (VF: isto é, para puni-los). Ainda (20,26): "O rei sábio dissipa os injustos* e faz girar sobre eles [isto é, os quebra] a roda"; e (25,4-5): "Tira da prata as escórias, e sairá vaso para o fundidor; tira o injusto da presença do rei, e seu trono se firmará na justiça." E ainda (17,15): "O que justifica o injusto, e o que condena o justo, abomináveis são para o Senhor, tanto um como o outro." E (17,11): "Na verdade o rebelde não busca senão o mal, mas mensageiro cruel se enviará contra ele." (24,24): "O que disser ao injusto, justo és, os povos o amaldiçoarão, as nações o detestarão." Por conseguinte, a verdadeira justiça [dos governantes] consiste em perseguir aqueles que praticam o mal e os injustos com a espada em riste. Se [os governantes] embainharem sua espada e conservarem suas mãos limpas de sangue, enquanto os iníquos vagam pela região massacrando e matando, em vez de receberem louvores por sua bondade e justiça, [os governantes] tornam-se culpados da maior injustiça possível. Que não haja, porém, uma severidade ditatorial e selvagem, não a espécie de tribunal que foi chamada, com razão, de "a rocha na qual os acusados afundam"[47]. Isso porque não sou daqueles que são favoráveis a uma selvageria insaciável, nem penso que um veredicto justo possa jamais ser proferido a menos que a clemência esteja sempre em serviço, aquela "melhor conselheira e mais seguro sustentáculo dos tronos reais", como diz Salomão (Pr 20,28). Alguém[48] certa vez a chamou com razão de a maior virtude dos príncipes. Todavia, o magistrado

---

[47] A versão francesa substitui a alusão clássica ao tribunal de Cássio por: ou que um juiz devesse ser como uma forca já preparada.

[48] Sêneca; um comentário de sua obra *Sobre a clemência* foi o primeiro trabalho publicado de Calvino.

deve precaver-se para não causar mais dano do que melhoria, devido à severidade excessiva, e tampouco degenerar na mais cruel "humanidade", permitindo a si mesmo, mediante uma fixação supersticiosa na clemência, ser debilitado até uma indulgência frouxa e dissoluta, para a perdição de muitos. Pois foi oportunamente observado por alguém (quando Nerva era imperador) que é ruim viver sob um príncipe que não permite coisa alguma, porém muito pior é viver sob aquele que tudo permite.

11. De tempos em tempos, é necessário que os reis e os povos peguem em armas para executar essa espécie de vingança pública. E nossa discussão anterior também nos permite concluir que as guerras travadas com essa finalidade são legítimas. Isso porque, se foi conferido aos reis e aos povos o poder* de garantir a tranquilidade em seus territórios, de reprimir os levantes sediciosos fomentados por homens rebeldes, de ajudar os oprimidos pela violência e de adotar medidas contra os maus, que melhor ocasião poderia existir para o emprego desse poder do que a de subjugar a fúria de alguém que perturba a paz e a tranquilidade não apenas de indivíduos particulares, mas de comunidades inteiras? Alguém que fomenta a sedição e comete atos de violência e opressão e outros ultrajes? Se é dever [dos reis e dos povos] agir como guardiães e paladinos das leis, eles também devem fazer todos os esforços para frustrar os projetos daqueles cujos crimes solapam a disciplina das leis. Além disso, se eles estão certos em punir criminosos cujos malefícios atingem apenas a alguns poucos, deveriam deixar ilesa a criminalidade que atormenta e flagela toda uma região? Não tem importância, nesse caso, se é um rei ou o mais vil integrante de uma horda que invade uma região estrangeira, sobre a qual ele não tem jurisdição, para matar e saquear[49]; todos eles devem ser considerados criminosos e punidos como tais. [1543:] A justiça natural e seu ofício exigem igualmente que os príncipes devam estar armados (VF: usem a espada) não apenas para reprimir delitos particulares por meio de penas judiciais, mas também para defender, mediante a guerra, os territórios

[49] Essa frase é da versão francesa; a latina traz a expressão *eam hostiliter vexat*, fraca e intraduzível.

a eles atribuídos em confiança, quando estes são invadidos por inimigos. E guerras dessa espécie o Espírito Santo declara legítimas, segundo o testemunho de muitas passagens das Escrituras.

12. Se aqui alguém objetar que, no Novo Testamento, não existe texto de comprovação ou exemplo que mostre que a guerra é permissível aos cristãos, minha resposta será a seguinte: em primeiro lugar, as razões para travar a guerra que existiam antes ainda existem atualmente[50]. Ao contrário, não há nada que impeça um magistrado de defender seus súditos. Mais ainda, não nos cabe buscar uma discussão explícita de assuntos dessa natureza nos escritos apostólicos (VF: doutrina); o propósito destes é dar lições sobre o reino espiritual de Cristo, não moldar[51] uma política de governo. Seja como for, as Escrituras efetivamente oferecem de passagem evidências no sentido de que Cristo, pela sua vinda, não alterou nada a esse respeito. Pois, se o ensinamento[52] cristão (para usar o termo de Agostinho) condenasse todas as guerras, teria sido dito aos soldados que buscaram conselho acerca da salvação que lançassem fora suas armas e abandonassem imediatamente o exército. O que de fato lhes disseram, porém, foi: "A ninguém molesteis com violência* ou injustiça e contentai-vos com vosso soldo" (Lc 3,14). Se Cristo lhes ordenou que se satisfizessem com o pagamento de soldados, [evidentemente] não os estava proibindo de lutar como soldados. [1536:] Todos os magistrados, porém, devem tomar todas as precauções para não ceder, ainda que pouco, a suas paixões; se lhes couber infligir penalidades, não devem se deixar arrebatar pelo furor, ou pelo ódio, ou pela severidade implacável, mas antes ter compaixão de nossa natureza [humana] comum, como diz Agostinho, mesmo naqueles cujos crimes eles punem. E, ainda que as armas devam efetivamente [por vezes] ser empunhadas contra um inimigo, isto é, um criminoso armado, [os magistrados] não devem se aproveitar de toda e qualquer oportunidade fortuita: ainda que

---

[50] Um texto demasiado sintético e tornado ainda mais opaco na versão francesa, que (a meu ver) requer complementação por meio de alguma frase do gênero "e que então se mostraram válidas, ainda são válidas atualmente".

[51] *Formare*; a versão francesa é: colocar em ordem (*ordonner*) os governos seculares.

[52] *Disciplina*, que também significa disciplina.

uma ocasião se apresente, dela não devem utilizar-se a menos que obrigados por uma necessidade que não admite escapatória. Pois muito mais se exige dos cristãos do que era requerido dos pagãos[53] que desejavam que a guerra fosse uma busca da paz; tudo o mais precisa ser tentado antes de se recorrer às armas. E nas duas espécies de atividade [a guerra e a punição de criminosos] os magistrados não devem se deixar empolgar por nenhuma paixão de ordem pessoal, porém ser guiados exclusivamente por uma preocupação pelo bem público[54]. Fazer qualquer outra coisa representa o pior abuso de sua autoridade, que lhes é dada para o benefício e o serviço[55] de outros, e não deles próprios. Pela mesma razão, empreender a guerra também depende da legitimidade das guarnições, alianças e outros dispositivos militares. Chamo "guarnições" à disposição dos soldados em diversas cidades para proteger as fronteiras de uma região; "alianças, àqueles [tratados] que são feitos entre príncipes vizinhos para assistência mútua contra distúrbios em seus territórios e como meio de unir forças para a supressão dos inimigos comuns da raça humana; e "dispositivos militares", a qualquer coisa que seja usada na arte da guerra[56].

13. Deixem-me acrescentar este último ponto. Tributos de várias modalidades constituem a legítima renda dos príncipes. Estes deveriam empregá-los, no fundamental, para custear as despesas públicas em que incorrem em virtude de seu ofício, mas também podem usá-los para manter o esplendor de suas casas, algo ligado, de certa maneira, à dignidade do elevado ofício* que exercem. Assim, vemos que Davi, Ezequias, Josias, Josafá e outros reis santos, e igualmente José e Daniel, em respeito às pessoas públicas que eram, viveram suntuosamente dos cofres públicos, sem transgredir de maneira alguma seus deveres* para com Deus. E lemos em Ezequiel (48,21) que uma porção de terra das mais generosas foi atribuída aos reis. [1539:] E, embora Ezequiel estivesse descrevendo nessa passagem

---

[53] Cícero, *De officits*, I,23.

[54] Versão latina: *publico sensu*; versão francesa: *une courage publique*.

[55] *Ministerium*: v. nota 25.

[56] Sou incapaz de dizer por que motivo Calvino considerou que a terminologia por ele utilizada requeria explicações adicionais, tanto na versão latina quanto na francesa.

o reino espiritual de Cristo, ainda assim ele obtém sua imagem ou analogia daquilo que é legítimo nos reinos deste mundo. [1536:] Mais uma vez, porém, os príncipes por seu turno são lembrados [por Ezequiel] de que os recursos públicos (VF: propriedades) não são seus cofres particulares, mas antes o tesouro do povo inteiro – como nos diz Paulo (Rm 13,6) – que eles não podem dissipar nem dilapidar sem cometer flagrante injustiça. De fato, é quase o próprio sangue vital do povo; não utilizá-lo parcimoniosamente seria a mais cruel das injustiças. Quanto a seus impostos, taxas e outras espécies de tributos[57], eles devem considerá-los um auxílio a eles conferido exclusivamente em consideração à necessidade pública[58]; e seria uma rapacidade tirânica afligir desnecessariamente com eles as pessoas pobres. Que minhas palavras não incentivem os príncipes a se entregar à extravagância e ao luxo dispendiosos; não há necessidade de atiçar as labaredas de seus desejos, que já ardem com brilho suficiente sem nenhum auxílio de minha parte. Deve-se ensinar aos príncipes, porém, o que lhes é lícito, uma vez que é de essencial importância que não mereçam o desprezo de Deus por uma ousadia excessiva[59] e ímpia e que tudo quanto empreendam só o façam quando tiverem uma consciência pura diante de Deus. E não é irrelevante que também as pessoas particulares devam ser instruídas acerca desse ponto, de tal modo que não se permitam uma <temerária e irrefletida> ação insultuosa para com os príncipes devido a seus gastos, ainda que estes, com efeito, ultrapassem a medida habitual e civil[60].

---

[57] Nas versões latina e francesa, Calvino emprega vários sinônimos especializados para "tributos", os quais não tentei traduzir com exatidão, assim como a versão francesa não traduz com precisão a latina. Ele parece, porém, distinguir entre os rendimentos permanentes vindos dos domínios reais e mais taxas *ad hoc*; v. nota seguinte.

[58] Uma referência, a meu ver, à máxima predileta dos contribuintes até bem depois do início da era moderna, de que "o rei deve viver de seus próprios recursos" e de que os impostos são provisões *ad hoc* para um estado de emergência, ou concessões que dão direito a um *quid pro quo*.

[59] Em outros escritos Calvino distingue entre *confidentia* (presunção, autoconfiança), que é uma característica dos perversos, e uma segurança de bases sólidas (*fiducia*, típica dos eleitos).

[60] No texto francês lê-se simplesmente: "a ordem e medida usuais"; a palavra latina *civilis*, do cidadão, é para Calvino um termo elogioso; poderia ser traduzido como "modesta".

14. Seguindo a ordem <da organização política>, depois dos magistrados vêm as leis, os mais fortes tendões de uma unidade política, ou, como Cícero as chama, acompanhando Platão, a alma sem a qual a magistratura não pode sobreviver, assim como as leis, por seu turno, são praticamente incapazes sem o magistrado. E, desse modo, nada poderia ser mais verdadeiro do que a máxima de que a lei é um magistrado silencioso, e o magistrado, uma lei viva[61]. Ainda que tenha me proposto, porém, dizer quais as leis que devem estabelecer[62] uma organização política* cristã, disso não decorre que alguém deva esperar de mim uma longa dissertação acerca de quais leis seriam as melhores; esse é um tema interminável e sem relevância para com meu assunto. Limitar-me-ei, e de passagem, por assim dizer, a observar algumas coisas sobre que leis [uma tal organização política] pode empregar justificadamente e por meio das quais pode ser corretamente governada, aos olhos de Deus e dos homens. E eu teria preferido passar em silêncio até mesmo em relação a esse ponto, não fosse pelo fato de que percebo muitos incorrendo em erros perigosos a esse respeito. Pois existem alguns[63] que negam que alguma unidade política* possa ser adequadamente ordenada se for governada simplesmente pelas leis comuns a todas as nações, mas sem adotar as leis políticas de Moisés. Outros podem preocupar-se, caso o desejem, em mostrar quão perigosa e sediciosa é tal opinião; para meus propósitos, é suficiente mostrar que é uma opinião falsa e estúpida. Devemos aqui ter em mente a corriqueira[64] divisão do conjunto da Lei de Deus, tal como promulgada por Moisés, em partes morais, rituais e judiciais, e devemos examinar tais partes separadamente, de modo que saibamos com certeza quais delas se apli-

---

[61] Uma das máximas favoritas do período, originalmente (ao que parece) de Cícero.

[62] *Consistere*, literalmente: por que leis uma organização política cristã deve se manter [ou existir]. Da versão francesa consta: *doit estre gouvernée.*

[63] A dificuldade que Calvino aqui enfrenta foi gerada pela própria Reforma, resultando de sua hostilidade fundamentalista a leis, costumes e "tradições meramente humanas".

[64] Aparentemente Calvino não pode se forçar a admitir que está invocando aqui uma opinião dos desprezados escolásticos. No entanto, é disso que se trata; por exemplo, Tomás de Aquino, *Summa Theologica*, Ia Iiae, seções 94 ss. Pouco mais adiante nessa seção ele se engana outra vez, atribuindo essa opinião aos "antigos autores" (*veteres/anciens*).

cam [diretamente] a nós e quais um pouco menos[65]. Tampouco deveríamos nos permitir sermos embaraçados pelo sofisma de que as leis judiciais e rituais também dizem respeito à moralidade. Os antigos autores que legaram[66] essa divisão sabiam suficientemente bem que as leis rituais e judiciais guardam alguma relação com a moralidade, mas não as chamaram de leis "morais" porque elas podiam ser mudadas e revogadas sem riscos para a moral. Eles reservaram o termo "moral" para aquela parte da Lei da qual depende a verdadeira santidade da moral <e a norma imutável do correto viver>.

15. Comecemos, portanto, pela lei moral. Ela tem dois cabeçalhos; sob o primeiro deles, somos ordenados a reverenciar a Deus com pura fé e devoção* e, sob o outro, a amar nosso próximo com um amor genuíno. É esse o verdadeiro e eterno governo da justiça, estabelecido para todos aqueles em todas as épocas e de todas as nações que querem ordenar suas vidas segundo a vontade de Deus. É sua vontade eterna e imutável que ele seja reverenciado por todos nós e que nos amemos verdadeiramente uns aos outros. A lei ritual representou um meio de educar[67] os judeus; é desse modo que pareceu bom ao Senhor treiná-los enquanto estavam na infância (por assim dizer), até aquele tempo de plenitude em que ele manifestaria a totalidade de sua sabedoria para a terra e mostraria a todos a verdade daquelas coisas que havia antes representado apenas de maneira obscura e por imagens. Nas leis judiciais, que concedeu aos judeus para que lhes servissem de ordem civil*, ele determinou certas normas de justiça e equidade mediante as quais eles poderiam viver juntos em pureza e tranquilidade. Contudo, assim como esse treinamento por meio de cerimônias era efetivamente parte de sua educação no serviço* de Deus (na medida em que fez a igreja dos judeus aderir à religião e ao culto de Deus) e no entanto podia, apesar disso, ser diferenciado [da essência] daquele serviço, do mesmo

---

[65] Calvino está aqui relutante em dizer que algumas partes absolutamente não se aplicam, embora seja isso que o sentido requer. Mas o texto francês é explícito.

[66] Versão francesa: acharam [descobriram?].

[67] *Pedagogia*; o texto francês acrescenta: isto é, ensinar as crianças. A tradução de Norton traz "the schooling of the Jews" (pagar as despesas com instrução dos judeus), o que é simpático.

modo a forma [específica] de suas leis judiciais é algo distinto do mandamento do amor, embora o único propósito dessas leis fosse o de ser o melhor meio de preservar aquele amor recíproco que a eterna lei de Deus ensina. Portanto, assim como os ritos podiam ser abolidos sem que o dever* para com Deus fosse de alguma maneira prejudicado, da mesma forma as leis judiciais podiam ser revogadas, deixando intactos, entretanto, os deveres eternos e os preceitos do amor. E, se isso for verdadeiro (VF: e certamente é), então foi concedida a cada um dos povos a liberdade de fazer as leis que considerar convenientes, porém todas essas leis devem ser avaliadas em relação à lei do amor. Suas formas variam, mas todas devem ter a mesma finalidade. Está claro que não considero leis verdadeiras aquelas normas grosseiras e selvagens mediante as quais [por exemplo] assaltantes foram recompensados com honrarias, ou foram permitidas relações sexuais[68] promíscuas; elas são abomináveis não apenas do ponto de vista da justiça, mas até mesmo da humanidade[69].

16. Minha perspectiva tornar-se-á clara se considerarmos a distinção, que pode ser feita em qualquer lei[70], entre, por um lado, a forma e o conteúdo[71], e, por outro, a justiça, que é a finalidade para a qual ela é feita e o fundamento sobre o qual repousa. Na medida em que é natural, a justiça deveria ser a mesma para todos, e portanto todas as leis deveriam fazer da justiça sua finalidade, ainda que amoldada aos assuntos particulares de que tratam. Uma vez que as normas positivas dependem em parte de circunstâncias específicas, elas podem [perfeitamente bem] ter o mesmo objeto, a saber, a

---

68 Versão francesa: que permitiram relações sexuais com homens e mulheres indiscriminadamente.

69 O texto latino acrescenta: *et mansuetudine*. A versão francesa não faz nenhuma tentativa para dizer o que isso poderia significar, e eu tampouco o farei. Norton traduz como "naturall gentylness and kyndness of men", seja lá o que isso quer dizer.

70 À luz da sentença anterior, isso deve significar: qualquer coisa a que se possa propriamente chamar uma lei.

71 Calvino aqui utiliza *constitutio*, que significa lei positiva ou estatutária (em contraposição à lei natural ou costumeira), mas também significa a feitura de uma lei, isto é, o ato de fazê-la, ou o conteúdo preciso, a forma das palavras, etc. O termo francês é *ordonnance*, que também pode se referir tanto ao ato quanto ao resultado do ato de ordenar. Duas frases adiante, ele emprega as mesmas palavras *constitutiones/constitutions ou ordonnances* no sentido de "leis positivas".

equidade, embora divirjam em suas disposições. Ora, a Lei de Deus, a que chamamos lei moral, é reconhecida por não ser outra coisa senão o testemunho da lei natural e daquela consciência que está gravada (VF: estampada) nas almas dos homens por Deus, e desse modo todo o conteúdo da justiça é prescrito por ela. Daí que a justiça, e apenas ela, deva ser a finalidade e o modelo e o limite de todas as leis. E, portanto, não existe razão pela qual devêssemos rejeitar quaisquer leis, sejam quais forem, ainda que variem entre si e se diferenciem da lei mosaica, desde que tenham a justiça como a finalidade a que visam, o modelo com referência ao qual são formuladas e o limite que não devem ultrapassar. A Lei de Deus proíbe o furto. As punições prescritas para o furto na organização política dos judeus podem ser vistas no Êxodo. As mais antigas leis de outras nações puniam o furto exigindo restituição em dobro; leis posteriores distinguiram entre o furto manifesto e o secreto[72]. Outras leis, em seguida, chegaram ao ponto de prescrever o exílio, o látego e, finalmente, a pena de morte. E, também (VF: a Lei de Deus proíbe levantar falso testemunho), os judeus puniam o falso testemunho pela *lex talionis*[73], outros povos puniam-no apenas pela ignomínia e outros ainda pela força ou pela crucificação. (VF: A Lei de Deus proíbe o assassinato.) Todas as leis coincidem em vingar pelo derramamento de sangue o homicídio, porém prescrevem diferentes formas de morte. <O adultério tem sido punido em alguns lugares por meio de penas mais severas e em outros por penas mais leves.>[74] Mas, em que pese a todas essas variações, percebemos que em cada caso a finalidade contemplada é sempre a mesma. Pois todas elas, unanimemente, anunciam punição para aqueles crimes que a eterna Lei de Deus condena: homicídio, furto, adultério, falso testemu-

---

[72] Calvino está aludindo aqui à distinção da lei romana entre *furtum manifestum* e *furtum nec manifestum*; o primeiro caracteriza-se pela captura em flagrante do culpado e, por algum motivo, era punido mais severamente que o segundo.

[73] Esse termo é explicado na versão francesa, que diz (embora bastante desajeitadamente): o falso testemunho era punido pela mesma penalidade que teria sido sofrida pela pessoa falsamente acusada, caso tivesse sido condenada (Dt 19,19).

[74] A omissão dessa frase na versão francesa pode ter sido um simples descuido e não um juízo por parte de Calvino acerca das suscetibilidades de seus leitores franceses; a frase seguinte, nas versões francesa e latina, inclui o adultério entre os crimes condenados pelas leis divina e humana.

nho; divergem simplesmente no tocante às penas. E não é necessário, ou mesmo aconselhável, que devessem [todas elas ser idênticas a esse respeito]. Há regiões que seriam imediatamente devastadas por massacres e pelo banditismo, a menos que se fizesse um terrível exemplo dos assassinos. Existem épocas que exigem maior severidade nas penas. [1559:] Se a ordem pública (VF: uma região) foi perturbada de algum modo, os males que habitualmente resultam de tais perturbações devem ser remediados por novas leis. Em tempos de guerra, em meio ao choque das armas, a humanidade inteira cairia por terra, a menos que fossem introduzidas, para inspirar pavor, punições extraordinárias[75]. Em períodos de escassez ou de peste, tudo se tornaria destroços ou ruínas, a menos que fosse empregada uma severidade maior. [1536:] Alguns povos mostram-se particularmente propensos a certos vícios, a não ser que sejam subjugados por uma grande severidade. E, assim, aqueles que objetam a uma tal diversidade, quando na verdade esta é altamente adequada para se manter a observância da Lei de Deus, são inimigos maliciosos do bem público. Nem existe absolutamente nenhuma substância na afirmação, por vezes feita, de que é desrespeito à Lei de Deus, tal como enunciada por Moisés, revogá-la e preferir alguma nova lei a ela. Isso porque, quando as leis são consideradas mais aceitáveis, não se trata de uma preferência [incondicional], mas antes de uma referência às condições da época, do lugar e da população. Nem isso pode ser chamado de "revogar a lei de Moisés", quando, para começar, esta jamais foi decretada para nós. O Senhor não ordenou que Moisés promulgasse a Lei para todos os povos e em todas as épocas. Sua vontade era antes a de ser o [único e] especial legislador para o povo judeu, a quem ele havia tomado sob seu patrocínio e proteção, tornando-os seus clientes[76]. E, desse modo, como procede um bom legislador, ele tinha em vista, em todas as suas leis, [as necessidades específicas de] seu povo.

---

[75] Versão francesa: em tempo de guerra toda a humanidade seria esquecida, se as rédeas não fossem presas mais firmemente, e os excessos, punidos [mais severamente].

[76] A analogia é com o sistema romano de patrono-cliente, no qual uma pessoa poderosa tomava sob sua proteção outras de *status* inferior, em retribuição por seus serviços e subordinação.

17. Resta-nos considerar o tópico que nos propusemos a tratar por último, a saber, quais benefícios resultam das leis, tribunais e magistrados para a associação <geral> de cristãos. E a esta liga-se uma outra questão, a de saber até onde se estendem a obediência e a submissão que os homens privados devem aos magistrados (VF: superiores). Muitos consideram irrelevante, no que diz respeito aos cristãos, o ofício de magistrado. Eles afirmam que os cristãos não têm direito a apelar por auxílio aos magistrados, uma vez que toda e qualquer vingança, qualquer recurso aos tribunais e qualquer litígio são proibidos [por Deus]. Ao contrário, porém, como São Paulo declara abertamente (Rm 13,4), [os magistrados] são ministros[77] de Deus para nosso bem. Isto nos ensina que foi divinamente determinado que devêssemos ser defendidos pela mão e proteção do magistrado contra os abusos e injustiças dos maus e, dessa maneira, sermos capazes de viver nossas vidas em paz e segurança. Deus nos teria concedido em vão uma tal salvaguarda caso fôssemos proibidos de fazer uso dela, e assim é bem evidente que podemos apelar a ela sem incorrer em pecado. Mas aqui tenho de discutir com duas espécies de pessoas[78]. Existem muitos cuja paixão pelos litígios é tão abrasadora que jamais podem estar em paz consigo mesmos se não estiverem em guerra com as outras pessoas. Eles se envolvem em processos com um espírito de ódio mortal e amargura, com uma sede furiosa de vingança e de infligir sofrimento, e prosseguem em suas contendas com implacável persistência até que seu adversário seja arruinado. E, durante todo o tempo, defendem sua perversidade com o pretexto da legalidade, de tal modo que ninguém pensará que estejam fazendo nada além do que é correto. Mas, ainda que seja legítimo levar o próximo aos tribunais[79], disso não decorre que seja correto odiá-lo, ser possuído pelo furor de causar-lhe dano ou de persegui-lo implacavelmente (VF: implacavelmente e sem piedade).

18. Deixem tais homens aprenderem esta (VF: máxima): recorrer aos tribunais é legítimo quando se faz uso deles corretamente. E o

---

77 V. nota 25.

78 A segunda espécie não é mencionada até a seção 19.

79 Versão francesa: só porque é permitido a um homem compelir seu próximo a fazer o que é correto pelo veredicto [de um tribunal]...

modo correto de utilizá-los é este: o acusado, ao ser intimado, deve aparecer no dia marcado e defender sua causa mediante a apresentação de quaisquer justificativas que tenha, sem rancor e sem nenhuma outra intenção, exceto a de salvaguardar o que é seu de direito. O queixoso a quem fizeram sofrer injustamente, seja em relação a sua pessoa, seja a seus bens, deve colocar-se nas mãos do magistrado, explicar a acusação que apresentou e pedir pelo que é justo e direito. Deve, porém, fazer tudo isso sem nenhuma sede de vingança ou desejo de causar prejuízo, sem amargor ou ódio e sem ter prazer com disputas. Ao contrário, deve estar preparado para abrir mão de seu direito e sofrer todo e qualquer malefício antes de permitir que sua mente fique repleta de inimizade para com seu adversário. Por outro lado, onde quer que alguma partícula do [dever de] amor seja negligenciada porque as mentes estão cobertas pela má vontade, corrompidas pela inveja, queimando de furor, exalando vingança ou infeccionadas por disputas, qualquer procedimento legal deverá ser contrário a nossos deveres* para com Deus, por mais justo que em si mesmo tal procedimento possa ser. Deve ser considerado um princípio estabelecido para todo e qualquer cristão que é impossível alguém proceder integramente com um processo na justiça, por melhor que seja sua causa, a menos que tenha em relação a seu adversário o mesmo carinho e benevolência [que teria] se o assunto em pauta já houvesse sido amigavelmente negociado e resolvido. Alguns aqui talvez objetem que tal (VF: moderação e) autocontrole na verdade jamais será encontrado nos tribunais de justiça e que seria um milagre se alguém chegasse a ver um só exemplo disso. Admito que, a moralidade de nossa época sendo o que é, raramente se encontra um exemplo de um litigante virtuoso, mas a coisa em si não deixa de ser boa e pura, desde que permaneça intocada pelo mal. E, quando escutamos que o auxílio que os magistrados prestam é uma dádiva sagrada de Deus, tanto mais cuidado devemos tomar para não maculá-la por nossa depravação.

19. Quanto àqueles que condenam absolutamente e sem nenhuma distinção todos os tribunais e todos os litígios, deveriam compreender que estão rejeitando uma ordenação sagrada de Deus e uma daquelas dádivas [divinas] que podem ser puras para aqueles

que são puros. Isto é, a não ser que pretendam acusar [o próprio] São Paulo de um crime. Isso porque ele refutou as calúnias de seus acusadores, expondo além disso a astúcia e a malícia destes, reafirmou seus privilégios judiciais como cidadão romano e, quando surgiu a necessidade, apelou ao tribunal de César contra um juiz perverso (At 22,1; 24,12; 25,10). E nem constitui uma objeção o fato de todos os cristãos estarem proibidos de desejar vingança: também nós gostaríamos de ver tais desejos banidos dos tribunais cristãos (Mt 5,39; Dt 32,35; Rm 12,19). Porque, se o assunto for de ordem civil, não existe modo correto a não ser o de confiar a causa ao juiz em sua qualidade de guardião do [bem] público, em inocente simplicidade e sem a menor intenção de pagar mal com mal (isto é, sem nenhum desejo de vingança); ou, se for um caso mais sério ou de extrema importância que deve ser levado perante um tribunal, requeremos de um acusador que não seja impulsionado por uma sede de vingança, que sua mente esteja intocada pelo rancor devido à injustiça que sofreu e que sua única intenção seja a de obstar os homens maus em seus esforços para causar malefícios à comunidade. Pois, se não houver intenção de vingança, não existe coisa alguma em tudo isso que seja contrária ao mandamento de que os cristãos não devem vingar-se. Mas aqui [a réplica poderia ser que] os cristãos não apenas estão proibidos de vingar-se, mas também recebem ordens de esperar pela mão de Deus, o qual prometeu vingar os oprimidos e aflitos. E aqueles que apelam aos magistrados pedindo auxílio para si mesmos ou para outrem antecipam-se à vingança celestial de seu divino protetor. Mas [também] essa objeção é totalmente infundada: a punição imposta pelo magistrado deve ser vista como algo infligido por Deus, e não pelos homens, pois é Deus que age dessa maneira para nosso bem por intermédio do ministério[80] dos homens, como afirma São Paulo (Rm 13,4).

20. Tampouco existe alguma contradição entre o que ensinamos aqui e a afirmação de Cristo (Mt 5,39) que nos proíbe de resistir ao mal e nos ordena oferecer a face direita à pessoa que nos bater na face esquerda e permitir que aquele que nos leva a túnica leve tam-

[80] V. nota 25.

bém a veste. Com efeito, Cristo exige de seus seguidores que qualquer pensamento de vingança esteja tão afastado de suas mentes que eles antes deveriam sofrer duas vezes o mal que lhes é infligido do que pagar na mesma moeda. Não estamos, porém, desencorajando uma tal paciência. Os cristãos devem ser pessoas nascidas para sofrer humilhações e injustiças e para estar expostas à perversidade, aos ardis e ao escárnio da escória da humanidade. E não apenas isso, mas devem suportar todos esses males pacientemente, quer dizer, com uma serenidade tal que, ao sofrerem uma atribulação, deveriam preparar-se para novas aflições, sem esperar nada durante todo o curso de suas vidas além de um perpétuo carregar de sua cruz. Enquanto isso, devem fazer o bem aos que os prejudicam e rezar por aqueles que falam mal deles e procurar vencer o mal por meio do bem, pois essa deverá ser a sua única vitória (Rm 12,21; Mt 5,39). Se tiverem uma tal disposição, eles não exigirão olho por olho ou dente por dente, buscando vingança, que era o que os fariseus ensinavam a seus discípulos. Antes, seguindo o preceito de Cristo, permitirão que seus corpos sejam mutilados e seus bens malevolamente apreendidos e ainda assim estarão prontos a perdoar as injustiças a que são submetidos no momento mesmo em que são infligidas. Tal senso de justiça e serenidade de espírito, porém, não deve impedi-los de recorrer ao auxílio dos magistrados para a preservação do que é seu, ao mesmo tempo que conservam total harmonia em relação a seus inimigos. E seu zelo pelo bem público os levará a exigir punição para um homem criminoso e mortífero que eles sabem não poderá ser corrigido de nenhum outro modo <exceto pela morte>. [1543:] Agostinho interpreta com justeza todos esses preceitos como destinados a predispor um homem justo e íntegro a suportar pacientemente todos os malefícios vindos daqueles que ele tem a esperança de que se tornem justos, de modo que o número de homens bons possa aumentar, em vez de somar-se à multidão dos iníquos por meio de mais ações pecaminosas de sua própria iniciativa. [Ele também pensa que] tais preceitos têm mais a ver com o interior do coração do que com os atos exteriores, de tal modo que a paciência e a benevolência predominem no segredo da alma, mas que, nos atos exteriores, cuidemos de ser capazes de fazer aquilo que beneficia aqueles a quem devemos desejar o bem[81].

21. [1536:] Quanto à costumeira objeção de que Paulo condena todos os litígios, sem exceção, ela também é falsa. É fácil perceber, a partir de suas palavras (1Cor 6,1 ss.), que havia uma paixão sem limites por demandas no seio da Igreja dos Coríntios, a tal ponto que eles expunham aos escárnios e calúnias dos descrentes o Evangelho de Cristo e a totalidade da religião que professavam. O que São Paulo censurou neles acima de tudo foi que suas violentas discórdias colocavam o Evangelho em descrédito entre os pagãos. Também deplorou o fato de que se tratava de irmãos contra irmãos. Em vez de tolerar com paciência as ofensas, na verdade cobiçavam os bens uns dos outros e efetivamente se hostilizavam e prejudicavam entre si. É, portanto, essa paixão insana por litígios, e não todas as espécies de processo legal que Paulo condena. Ele afirma que se trata de um vício ou de uma fraqueza alguém não preferir sofrer a perda dos próprios bens em vez de se empenhar em conservá-los até o ponto do antagonismo. [1543:] Era, dizia ele, um indício de temperamento demasiado pronto a se ofender e não inclinado o suficiente para a paciência que as pessoas ficassem angustiadas por causa da mais leve perda e estivessem prontas a correr aos tribunais pelas razões mais triviais. [1536:] O procedimento cristão é estar sempre preparado para abrir mão de seu direito, antes de recorrer ao tribunal. Pois os tribunais são lugares difíceis de abandonar sem a mente em desordem, inflamada pelo ódio em relação ao próximo. Mas quando alguém percebe que pode proteger o que é seu sem nenhum decréscimo do amor, e quando a perda seria dolorosa para si mesmo, [ao recorrer aos tribunais] esse alguém não faz nada que esteja em desacordo com o ensinamento de Paulo. Finalmente, como afirmei no começo, o amor é o melhor conselheiro de cada homem: todas as contendas iniciadas sem ele são injustas e desobedientes* em relação a Deus, e o mesmo acontece a todas aquelas que vão além [do que o amor permite]. Isso nos parece incontestável.

---

[81] Calvino está citando a *Epistola ad Maecellinum*, traduzida em M. Dods (ed.), *Works of St. Augustine* (Edimburgo, T. and T. Clark, 1875), vol. XIII, Carta CXXXVIII, pp. 203-4. Nesse ponto a versão francesa é igualmente impenetrável.

22. O primeiro dever dos súditos para com seus magistrados (VF: superiores) consiste em acatar o cargo deles com a mais alta consideração possível; isto é, consiste em reconhecê-lo como uma comissão delegada (por assim dizer) por Deus, e portanto reverenciá-los na qualidade de ministros e representantes[82] de Deus. Ora, vocês encontrarão algumas pessoas que efetivamente obedecem a seus magistrados e que não desejam que não houvesse nenhum deles (VF: quaisquer superiores) a quem obedecer, pois reconhecem que o bem público assim exige. Não obstante, essas pessoas pensam-nos como uma espécie de mal necessário. Mas Pedro requer de nós mais do que isso (1Pd 2,17) quando nos ordena honrar o soberano; e o mesmo faz Salomão (Pr 24,21) quando nos ordena temer a Deus e ao rei. Porque Pedro inclui uma estima sincera e vinda do coração em [o significado de] esta palavra "honrar". E Salomão, ao associar os reis a Deus, mostra que um rei tem direito a veneração e dignidade sagradas. E também encontramos Paulo falando [dos superiores] em termos de grande louvor (Rm 13,5): devemos estar sujeitos a eles não somente pelo castigo, mas também pela consciência. Ele quer dizer com isso que os súditos devem se conservar em submissão aos príncipes <e [outros] superiores> não apenas por causa do medo, como pessoas que se submetem a um inimigo armado, percebendo que qualquer falha em obedecer será imediatamente punida, mas porque, ao obedecer a seus superiores, estão obedecendo ao próprio Deus, uma vez que seu poder provém de Deus. [1559:] Não estou falando a respeito das pessoas dos governantes, como se a dignidade [de seu ofício] pudesse dissimular sua estupidez, vilania ou crueldade, sua depravação e imoralidade de vida e como se, dessa maneira, os vícios pudessem obter os elogios devidos à virtude[83]. Mas afirmo que sua própria categoria merece honras e reverência; aqueles em autoridade devem ser estimados e venerados por nós devido a seu elevado cargo.

---

[82] Literalmente: legados; v. nota 22. A versão francesa traz *lieutenants et vicaires*. Para ministros, v. nota 25.

[83] O original é confuso: "Como se a dignidade pudesse ser uma máscara para a estupidez, etc." Claramente não pode ser isso; Calvino quer dizer que a dignidade não pode *excusar* tais coisas ou converter os vícios em virtudes.

23. [1536:] Segue-se também, de tudo isso, que os súditos devem mostrar obediência e mentes favoravelmente dispostas para com eles, seja pela aquiescência a suas leis, pelo pagamento de impostos, aceitação de cargos públicos ou de responsabilidades relacionados à defesa pública ou pelo cumprimento de tudo o mais que lhes seja pedido. "Toda a alma", diz Paulo (Rm 13,1), "se submeta ao poder* e à superioridade, porque quem resiste ao poder resiste à ordenação de Deus." E ele escreve a Tito (3,1): "Admoesta-os que se sujeitem aos principados e potestades; que lhes obedeçam e estejam preparados para toda a boa obra." E Pedro diz (1Pd 2,13): "Sujeitai-vos a toda criatura humana <[1545:] (ou antes, como a interpreto, a toda a sorte de ordenação humana)> [1536:] por amor do Senhor; quer ao rei, como superior, quer aos governadores, como por ele enviados para castigo dos malfeitores e para louvor dos que fazem o bem." E mais, para provar que sua submissão não é meramente sujeição fictícia, mas antes que é sincera e brota do coração, Paulo acrescenta (1Tm 2,1) que os súditos devem fazer orações pelo bem-estar e prosperidade daqueles sob os quais vivem. "Admoesto-te pois", diz ele, "antes de tudo, que se façam deprecações, orações, intercessões e ações de graças por todos os homens, pelos reis e por todos os que estão em eminência, para que tenhamos uma vida quieta e sossegada, em toda a piedade e honestidade." E não se enganem: é impossível resistir ao magistrado sem ao mesmo tempo resistir a Deus. Ainda que pareça possível desafiar com impunidade um magistrado desarmado, Deus está armado, e sua vingança perante qualquer desrespeito para com ele é rigorosa. A obediência [de que estou falando] também inclui o autodomínio que as pessoas privadas devem impor a si mesmas em [assunto] público, nem se imiscuindo em questões públicas, nem invadindo irrefletidamente os domínios do magistrado, nem empreendendo absolutamente coisa alguma de natureza pública. Se, na ordem* pública, existir alguma coisa necessitada de correção, os homens privados não devem criar distúrbios ou tomar o assunto em suas próprias mãos, pois nesse ponto estas deviam se encontrar atadas. Devem, em vez disso, submeter a questão ao conhecimento do magistrado (VF: superior), cuja mão é a única a estar livre. O que quero dizer é que eles não devem fazer coisa algu-

ma, a menos que tenham uma ordem ou um direito específicos para fazê-lo[84]. Pois, toda vez que um superior lhes emprestar sua autoridade[85], também eles estarão investidos de autoridade pública. Os conselheiros do governante são costumeiramente descritos como os seus "olhos e ouvidos"; não seria pouco apropriado designar como suas "mãos" àqueles que ele comissionou para agir por ele.

24. Até este ponto, estivemos considerando[86] magistrados que fazem jus aos títulos a eles concedidos: pais de sua pátria ou (nas palavras do poeta[87]) pastores do povo, guardiães da paz, sustentáculos da justiça, defensores dos inocentes. E alguém que julgar inaceitável a autoridade de tais pessoas merece ser considerado um louco. Mas em praticamente todas as épocas encontramos outra espécie de príncipe[88]. Alguns deles vivem vidas de indolência e prazer, nem um pouco preocupados com todos aqueles deveres dos quais deveriam cuidar. Outros, concentrados apenas em seu próprio lucro, prostituem cada direito, privilégio, decisão judicial e decreto, colocando-os à venda. Outros ainda exaurem de seu dinheiro as pessoas pobres, apenas para dissipá-lo em desenfreada extravagância. E outros saqueiam lares, violentam esposas e donzelas, massacram os inocentes; em resumo, empenham-se no que pode apenas ser descrito como criminalidade. E existem muitas pessoas que não podem se convencer de que também estes devem ser reconhecidos como príncipes e, <por serem dotados de autoridade* para tanto>, obedecidos tanto quanto seja permissível. Pois eles não podem ver nenhuma aparência daquela imagem de Deus que deve brilhar para todos a partir dos magistrados, nem nenhum vestígio daquele "ministro de Deus" que é dado para louvor dos que fazem o bem e para punição dos que fazem o mal. Confrontados com ta-

[84] Toda essa frase traduz uma só palavra: *iniussi*.

[85] Versão francesa: pois quando lhes é dada uma ordem de um superior... *Imperium* em certos casos significa uma ordem, de maneira que isso poderia ser o que pretende dizer o texto latino. Foi o que Norton pensou que significava.

[86] Em ambas as versões francesa e latina consta "descrevendo", mas Calvino, é claro, não estava descrevendo coisa alguma.

[87] Homero.

[88] Não sei se é deliberada a antítese entre "príncipe" nesse trecho e "magistrado" na frase anterior.

manha falta de dignidade e com uma conduta criminosa tão afastada dos deveres de um magistrado, e na verdade tão afastada dos deveres da humanidade comum, são incapazes de reconhecer a espécie de superior cuja dignidade e autoridade as Escrituras nos recomendam. A espécie humana sempre teve uma aversão e um ódio inatos dos tiranos, assim como ama e reverencia os reis obedientes à lei[89].

25. Todavia, a ponderação da Palavra de Deus nos conduzirá além [dos sentimentos habituais da humanidade]. Pois estamos sujeitos não apenas à autoridade* daqueles príncipes que cumprem como deveriam suas obrigações para conosco, e de maneira íntegra, mas a todos eles, não importa como tenham chegado a seus cargos, ainda que a derradeira coisa que façam seja agir como [verdadeiros] príncipes. Isso porque, embora o Senhor afirme que o [ofício de] magistrado é a maior dádiva de sua bondade para a preservação da humanidade, e ainda que ele mesmo estabeleça os limites dentro dos quais eles devem se restringir, ainda assim ele também afirma ao mesmo tempo que, não importa o que sejam (VF: e como quer que governem), é exclusivamente dele que obtêm sua autoridade. Aqueles que governam para o bem público são verdadeiros exemplos (VF: espelhos) e sinais de sua bondade; aqueles que governam injusta e imoderadamente foram elevados por ele para punir a iniquidade do povo. Ambos estão igualmente equipados com aquela sagrada majestade com que ele dotou a autoridade legítima (VF: os superiores). Não prosseguirei sem oferecer alguns textos de apoio à minha tese: Jó 34,30; Oseias 13,11; Isaías 3,4 e 10,5; Deuteronômio 28,29. Não precisamos dedicar muito esforço para provar que um rei desobediente ao Senhor é a ira de Deus sobre a terra; não existe ninguém (imagino) que vá negá-lo, e de qualquer modo isso não diz mais acerca dos reis do que igualmente poderia ser dito a respeito de um ladrão que rouba seus bens, de um adúltero que lhes avilta o leito conjugal ou de um assassino que efetua seu homicídio: essas calamidades todas estão enumeradas pelas Escrituras entre as maldições de Deus (Dt 28,29). O que, entretanto, efetivamente

---

[89] Minha tradução é equívoca: *legitimos* significa legítimos, mas isso não faz sentido a menos que signifique: que governam segundo a lei. Na versão francesa mais razoavelmente consta: reis justos e aqueles que verdadeiramente desempenham seus deveres.

exige mais provas, porque as pessoas são muito menos inclinadas a aceitá-lo, é que mesmo os piores entre eles, e aqueles totalmente desmerecedores de qualquer honraria, desde que possuam autoridade pública estão investidos com aquela esplêndida e sagrada autoridade que a Palavra de Deus confere aos ministros[90] de sua justiça e juízo. E, portanto, no que diz respeito à obediência pública, eles devem ser considerados com as mesmas honrarias e reverências que seriam concedidas a um excelente rei, caso [os súditos] tivessem um tal rei.

26. De modo que, em primeiro lugar, gostaria que meus leitores prestassem atenção e meditassem sobre isto: não é sem boas razões que as Escrituras tão frequentemente nos fazem lembrar da providência de Deus e de sua especial operação[91] ao distribuir reinos e elevar tais reis como julga adequado. Como é dito em Daniel (2,21.37): "O Senhor muda os tempos e as estações; ele remove os reis e estabelece os reis." E também: "Que os viventes saibam que o Altíssimo é poderoso no reino dos homens e dá [a realeza] a quem lhe apraz." O conjunto das Escrituras é abundante em tais passagens, mas estas são especialmente frequentes nos profetas. Todos sabem que espécie de rei era Nabucodonosor, o homem que tomou Jerusalém e que estava sempre concentrado em invadir e devastar as terras de outros homens[92]. E, no entanto, em Ezequiel (29,19), o Senhor afirma que foi Ele mesmo que lhe deu a terra do Egito, como paga pelo serviço que havia prestado a Ele ao devastá-la. E Daniel disse a ele (Dn 2,37): "Tu, ó rei, és rei de reis, a quem o Deus do céu concedeu o reino, o poder, a força e a honra; digo-te que ele entregou em tuas mãos, onde quer que habitem, os filhos dos homens, os animais dos campos (VF: animais selvagens) e as aves do céu, fazendo-te soberano deles todos." E também a seu filho Baltazar (Dn 5,18): "O Deus Altíssimo concedeu o reino, a grandeza, a majestade e a glória a Nabucodonosor, teu pai. Por essa

---

[90] V. nota 25.

[91] *Actio*; utilizei o termo da versão francesa. A referência é em relação à distinção de Calvino entre a providência "geral" de Deus, pela qual todas as coisas agem por si mesmas segundo sua vontade, e sua *special providence* (como a designaram os ingleses devotos), operação em que Deus intervém diretamente em benefício de seus servidores.

[92] Versão francesa: um grande ladrão e saqueador.

grandeza que Deus lhe dera, tremiam de medo diante dele todos os povos, nações e línguas." Quando ouvimos dizer que Deus estabeleceu um tal rei, também devemos recordar os decretos divinos acerca de reverenciar e temer os reis, e tampouco devemos ter qualquer dúvida de que nos caiba reverenciar [até mesmo] o pior dos tiranos no ofício em que o Senhor julgou adequado colocá-lo. Quando Samuel proclamou ao povo de Israel o que eles teriam de suportar de seus reis, ele disse (1Sm 8,11): "Este será o direito (*ius*) do rei que reinará sobre vós: ele convocará vossos filhos e os encarregará de seus carros de guerra e dos seus cavalos para serem seus cavaleiros, e os fará lavrar a terra dele e ceifar sua seara e fabricar suas armas de guerra. Ele tomará vossas filhas para perfumistas, cozinheiras e padeiras. Tomará vossos campos, vossas vinhas, vossos melhores olivais, e os dará a seus oficiais. Das vossas culturas e das vossas vinhas ele cobrará o dízimo, que destinará a seus eunucos e aos seus oficiais. Ele tomará vossos servos, vossas servas e vossos jumentos e os colocará a seu serviço. Exigirá o dízimo dos vossos rebanhos, e vós mesmos vos tornareis seus escravos." Com efeito, os reis não farão tudo isso por direito[93]; ao contrário, a lei de Deus os instrui plenamente em relação à moderação e ao autodomínio. Samuel, porém, chama a isso um direito (*ius*) sobre o povo, porque eles devem obedecer ao rei e não têm permissão de resistir a ele. É como se Samuel tivesse dito: os reis serão arrebatados por sua própria licenciosidade, mas não vos cabe refreá-los; tudo o que devereis fazer será ouvir o que eles ordenam, e obedecer.

27. Uma passagem destaca-se como particularmente importante e notável: Jeremias 27,5 ss. Estou decidido a citá-la porque, embora um tanto longa, explica a questão do modo mais claro possível. [Está

---

[93] Versão francesa: justamente. O termo em latim é *iure*, por direito. Essa passagem é o *locus classics* para as interpretações absolutistas da realeza. Calvino não queria nenhuma relação com nenhuma autoridade "absoluta" exceto a de Deus, mas ele aparentemente interpretou o texto bíblico como se contivesse no versículo 11 uma referência ao "direito" dos reis, embora nenhuma linguagem pré-moderna tivesse um tal conceito. Cf. R. Tuck, *Natural Rights Theories: Their Origins and Development* (Cambridge, Cambridge University Press, 1979). Consequentemente, ele teve de atenuar. A versão francesa simplesmente elimina a dificuldade por meio da ambígua palavra *puissance*, que tanto significa poderio, potência, quanto poder. V. Glossário: Autoridade.

escrito:] "Assim diz o Senhor: Eu fiz o céu, o homem e os animais que estão sobre a terra, na grandeza de meu poder e com meu braço estendido, e os dei a quem era agradável a meus olhos. E agora, portanto, entreguei todos esses países nas mãos de meu servo Nabucodonosor, que todos os povos e os <grandes> reis o sirvam até que chegue o tempo determinado para seu país. A nação ou reino que recusar servir ao rei de Babilônia (VF: e não entregar o pescoço sob seu jugo), eu castigarei essa nação pela espada, pela fome e pela peste; portanto, servi ao rei de Babilônia e vivereis." Percebemos aqui o grau de obediência e veneração que o Senhor desejava fosse conferido àquele tirano repugnante e cruel, simplesmente porque ele estava de posse da realeza. Era exclusivamente essa [posse] que mostrava que ele havia sido colocado no trono real por decreto divino e que fora investido com a majestade real, a qual deve permanecer imaculada. Se tivermos constantemente em nossas mentes que até mesmo os piores reis são indicados por este mesmo decreto que institui a autoridade dos reis [em geral], jamais nos permitiremos a ideia sediciosa de que um rei deve ser tratado segundo seus méritos ou de que não temos necessidade de obedecer a um rei que não se comporta como um rei para conosco.

28. Tampouco existe eficácia na objeção de que esse preceito era exclusivamente para os israelitas. Devemos considerar a razão que o próprio Deus forneceu para apoiá-lo. O que ele diz é: "Dei o reino para Nabucodonosor; portanto, servi a ele e vivereis" (Jr 27,17). Desse modo, não podemos duvidar que devamos servir a qualquer um que manifestamente tenha tido a realeza a ele conferida. Pelo próprio ato de elevar alguém à exaltada categoria de rei, o Senhor nos revela que é sua vontade que aquela pessoa governe. Testemunhos gerais da veracidade disso podem ser encontrados nas Escrituras. Em Salomão (Pr 28,1): "Por causa da transgressão da terra, muitos são seus príncipes."[94] E Jó 12,18: "Ele retira o domínio aos príncipes e a seguir cinge-os novamente com uma corda."[95] Quando isso é admitido, nada mais nos resta exceto servir e viver. E no profeta Jeremias (29,7) encontramos outra ordem do Senhor. Ali ele

[94] Versão francesa: há muitas mudanças de príncipes.

[95] Versão francesa: os exalta no poder.

ordena a seu povo que procure a paz na Babilônia, para onde haviam sido levados à força como prisioneiros, e que lhe dirijam orações por Babilônia, porque a paz da cidade seria sua paz. Observem como os israelitas, despojados de todos os seus bens, expulsos de seus lares, levados para o exílio, abatidos por uma desventurada servidão, [apesar disso] recebem ordem de rezar pela prosperidade de seu conquistador. E não meramente no sentido de outras passagens, segundo as quais recebemos a ordem de orar por aqueles que nos perseguem, mas, antes, de rezar pela paz e segurança de seu reinado, de modo que também eles possam viver com prosperidade sob ele. E do mesmo modo Davi, já designado rei por disposição de Deus e ungido com seu santo óleo, quando foi perseguido por Saul sem ter feito coisa alguma para merecê-lo, apesar disso tratou a pessoa de seu perseguidor como sacrossanta, porque Deus havia homenageado Saul com a dignidade real. "Que o Senhor me guarde", disse ele (1Sm 24,6.11), "de proceder assim com meu senhor, o ungido do Senhor, de levantar a mão contra ele (VF: de fazer-lhe mal) diante dos olhos do Senhor meu Deus; pois ele é (VF: o Cristo, que é) o ungido do Senhor." E também (1Sm 26,9): "Minha alma te poupou e eu disse: não levantarei a mão contra meu senhor, porque ele é o ungido do Senhor." E ainda: "Quem levantaria a mão contra o ungido do Senhor e ficaria impune? O Senhor vive, e a menos que o Senhor mesmo o fira, ou que chegue sua hora e ele morra, ou seja ferido no campo de batalha, o Senhor me livre de estender a mão contra seu ungido" (1Sm 24,7-11; 26,9-10).

29. Essa é a espécie de reverência e obediência* que todos devemos aos nossos superiores[96], quaisquer que sejam eles. Digo isso com frequência, para que possamos aprender a não considerar as pessoas e a conduta [dos governantes], mas a nos contentarmos com a pessoa que representam, pela vontade de Deus, e com a inviolável majestade [com a qual] <eles foram gravados e marcados>[97]. Mas, objetarão vocês, os superiores, por sua vez, possuem recipro-

[96] A versão francesa acrescenta: que vemos em Davi.

[97] Consta da versão francesa: para que pudéssemos aprender a não examinar minuciosamente quem são as pessoas às quais temos de obedecer, mas que descansássemos satisfeitos com o conhecimento de que é a vontade do Senhor que elas fossem colocadas numa posição (*estat*) a que ele concedeu uma inviolável majestade.

camente deveres para com os súditos. Já o admiti. Mas, se prosseguirem e concluírem que apenas os governos justos (VF: os senhores justos) devem ser recompensados pela obediência, seu raciocínio será obtuso. Maridos e mulheres devem-se mutuamente deveres; o mesmo acontece a pais e filhos. Mas, e se os maridos ou os pais não cumprirem seu dever? E se os pais, embora proibidos de provocar a ira aos filhos (Ef 6,4), forem em vez disso duros e intratáveis e, com sua rabugice[98], aborrecerem seus filhos além de qualquer medida? E se os esposos tratarem suas esposas com grande insolência, ainda que tenham recebido o mandamento de amá-las e dar-lhes honra, como vasos mais fracos (Ef 5,25; 1Pd 3,7)? Serão os filhos, por causa disso, menos obedientes a seus pais, ou as mulheres a seus maridos? Mas [os filhos e as mulheres] estão sujeitos aos maus e aos que não cumprem seus deveres tanto quanto [aos íntegros e justos]. Não: todos devem agir de modo que não olhem para o saco suspenso às costas das outras pessoas[99]; isto é, não devem perguntar acerca dos deveres de outrem, mas considerar apenas seus próprios deveres, e em especial quando estiverem colocados em submissão ao poder de outros. Consequentemente, se formos atormentados por um governante cruel ou esbulhados por um governante ganancioso e esbanjador, se formos negligenciados por um governante indolente ou afligidos na [nossa] devoção por um governante ímpio e sacrílego, devemos primeiro trazer à mente nossos pecados, pois sem dúvida são eles que Deus está punindo com tais flagelos. Então a humildade refreará nossa impaciência. E deixem-nos chamar em nosso auxílio esta reflexão: não nos cabe remediar tais males; tudo o que nos resta é implorar o auxílio do Senhor, pois os corações dos príncipes e as mudanças dos reinos estão em suas mãos (Pr 21,1). É Deus quem se levantará no conselho dos deuses e julgará em meio a eles (Sl 82,1). Diante de seu rosto todos os reis cairão por terra e ficarão atemorizados, e os juízes que não tiverem beijado o ungido do Senhor (Sl 2,12); aqueles que promulgaram leis iníquas para em seus juízos oprimir o pobre e levar violência à causa dos humildes; para despojar as viúvas e saquear os órfãos (Is 10,1-2).

---

[98] *Morositas*, uma das palavras prediletas de Calvino, de significado algo obscuro.

[99] Essa viva metáfora, para variar, só aparece na versão latina.

30. E em tudo isso é revelada a bondade, o poderio e a providência admiráveis de Deus. Pois algumas vezes ele eleva vingadores entre seus servidores, designados e comandados por ele para punir a tirania de homens depravados[100] e livrar os oprimidos de suas desgraçadas calamidades; outras vezes ele volta para a mesma finalidade o furor de homens que pretendiam algo totalmente diverso. Do primeiro modo[101], ele libertou o povo de Israel da tirania do Faraó por meio de Moisés, da violência de Cusã, rei da Síria, por meio de Otoniel, e de outras servidões por intermédio de outros reis ou juízes (Ex 3,8; Jz 3,9 e caps. ss.). E, pelo segundo modo, ele subjugou o orgulho de Tiro por meio dos egípcios, a arrogância dos egípcios por meio dos assírios, a ferocidade dos assírios por intermédio dos caldeus, o orgulho excessivo dos caldeus por meio dos medos e persas, quando Ciro já havia subjugado os medos. Em certas ocasiões, ele puniu por intermédio dos assírios a ingratidão por suas muitas dádivas evidenciada em relação a ele pelos reis de Israel e Judá, e seu desprezo para com ele; em outras ocasiões, por meio dos babilônios, ainda que de maneiras muito diversas. Os primeiros [isto é, os vingadores] foram convocados para punir esses crimes por meio de um chamado legítimo de Deus; eles absolutamente não violaram a majestade de que os reis estão investidos pela ordenação divina quando se ergueram em armas contra os reis. Armados pelo céu, eles subjugaram um poder* menor com um superior, exatamente do mesmo modo pelo qual os reis têm o direito de punir seus próprios oficiais. Os segundos, ao contrário, fizeram o trabalho de Deus sem o saber, pois tudo o que pretendiam fazer era cometer crimes. Não importa, foi a mão de Deus que os dirigiu para executarem sua ordem.

31. Contudo, independentemente do que se possa pensar acerca das próprias ações[102], foi o Senhor que por meio desses instrumentos levou a cabo seus justos propósitos, quando quebrou os cetros manchados de sangue de reis insolentes e derrubou insuportáveis

---

100 *Vicious men*, minha tentativa de traduzir *de scelerata dominatione*.

101 Isto é do texto francês; do latino consta simplesmente: assim.

102 Versão francesa: Porém, embora essas ações fossem muito diferentes no que diz respeito aos que as praticaram, pois os primeiros agiram com um conhecimento seguro de que estavam fazendo o que era correto, e os segundos com um objetivo totalmente diverso...

tiranias[103]. Que os príncipes escutem e se encham de temor. Quanto a nós, porém, tomemos o maior cuidado possível para jamais desprezarmos ou invadirmos aquela plenitude de autoridade* dos magistrados (VF: superiores) cuja majestade nos cabe reverenciar e que Deus confirmou mediante os mais graves pronunciamentos, mesmo quando é exercida por indivíduos totalmente indignos desta e que fazem o possível para profaná-la por sua iniquidade. E, ainda que a punição da tirania sem freios seja a vingança do Senhor [sobre os tiranos], não devemos imaginar que nós mesmos é que fomos chamados a infligi-la. Obedecer e sofrer é tudo o que nos foi determinado. Aqui, como sempre, estou falando das pessoas privadas. Pode ser que existam em nossos dias magistrados populares[104] instituídos para conter a licenciosidade dos reis, correspondentes àqueles "Éforos" (VF: como eram chamados), firmemente contrários à autoridade dos reis dos espartanos, ou os Tribunos (VF: defensores) do Povo, colocados acima e em contraposição aos cônsules romanos[105], ou os "Demarcas", levantados em oposição ao Conselho dos atenienses[106]. E talvez, nas atuais circunstâncias, seja da mesma natureza a autoridade exercida pelos três estados em reinos específicos, quando eles realizam suas principais assembleias. Se existirem [magistrados do povo estabelecidos], não é parte de minhas intenções proibi-los de agir em conformidade com seu dever e de resistir à licenciosidade e ao furor dos reis; ao contrário, se eles forem coniventes com a violência desenfreada [dos reis] e suas ofensas contra as pessoas pobres em geral, direi que uma tal negligência constitui uma infame traição de seu juramento. Eles estão traindo o

---

103 *Dominationes/dominations*; v. Glossário: Autoridade.

104 No texto francês omite-se "populares" e lê-se: magistrados estabelecidos para defender o povo, para conter a ganância e a licenciosidade excessivas dos reis... A diferença em vocabulário é de significado considerável, pois a palavra latina *populares* era um termo de conotação muito diversa de "inferior" ou "menor", os termos luteranos mais usuais nesse contexto. Cf. Skinner, *Foundations* (Cambridge, Cambridge University Press, 1978), vol. II, pp. 230-4.

105 No texto francês consta simplesmente: os romanos [tinham] seus defensores do povo (*défenseurs populaires*)...

106 Lê-se na versão francesa: os atenienses [tinham] seus Demarcas. O termo latino "o Senado" é a expressão habitual de Calvino para um conselho governante, mas parece singularmente inapropriado nesse trecho.

povo e lesando-o naquela liberdade cuja defesa sabem ter-lhes sido ordenada por Deus.

32. Mas existe sempre uma exceção a essa obediência que, como demonstramos, é devida a <a autoridade de> superiores, e é esta que deve ser nossa principal preocupação[107]: jamais devemos nos permitir sermos desencaminhados de nossa obediência ao único a cuja vontade os desejos de todos os reis devem se sujeitar, a cujos decretos todas as suas ordens cedem o lugar e diante de cuja majestade eles devem deitar por terra suas próprias insígnias[108]. Não seria um absurdo dar satisfação a [simples] homens [pela obediência a eles], mas incorrendo por isso na ira daquele por conta exclusiva de quem [todos e quaisquer seres humanos] devem ser obedecidos? O Senhor é o rei dos reis. Depois que sua sagrada boca falou, deve-se ouvir exclusivamente a ela e a ninguém mais. Estamos submetidos àqueles que foram colocados sobre nós, mas apenas por ele. Se eles nos ordenarem qualquer coisa contrária [à vontade dele], nada deve significar para nós. E nesse caso devemos ignorar toda essa dignidade que os magistrados (VF: superiores) possuem. Não há injustiça em obrigá-la a se subordinar ao verdadeiro, único e supremo poder[109] de Deus. [1559:] É por essa razão que Daniel (Dn 6,22) negou que fosse culpado de qualquer ofensa contra o rei quando desobedeceu a uma lei ímpia que este último havia feito: pois o rei havia transgredido os limites estabelecidos para ele [por Deus] e não apenas havia tratado injustamente os homens, mas havia atentado contra Deus, anulando com isso seu próprio poder[110]. Ao contrário, os israelitas são condenados (VF: em Oseias 5,11) por sua excessiva presteza em se submeter a uma lei injusta de seu rei. Pois, quando Jeroboão moldou os bezerros de ouro, para agradá-lo eles deserta-

---

[107] Versão francesa: uma norma a ser obedecida que se sobrepõe a tudo o mais.

[108] Literalmente: *fasces*, os machados levados à frente dos principais magistrados romanos como um símbolo de seu poder de vida e morte.

[109] *Summa potestas*, que, a exemplo de *plena autoritas* na seção 31, é um possível modo de traduzir "soberania" no início da era moderna. Na versão francesa lê-se simplesmente sob o poder (*puissance*) de Deus, que é o único [poder] verdadeiro, a expensas de todos os outros.

[110] A implicação disso, que Calvino não desenvolveu, é que qualquer governante que se coloque contra Deus *ipso facto* deixa de ser um governante. Não era o que Calvino pretendia, pois o restante de seu argumento seria anulado por uma tal admissão. Trata-se, porém, precisamente do que alguns de seus sucessores quiseram dizer.

ram do templo de Deus e voltaram-se para novas superstições (1Rs 12,30). Seus descendentes mostraram-se igualmente prontos a se amoldar à vontade e bel-prazer de seus reis. Também eles foram asperamente censurados pelo profeta por se submeterem às ordens do rei. Portanto, não há absolutamente nada a louvar naquela pretensa "submissão humilde" que os aduladores na corte[111] invocam para se resguardar e enganar os ingênuos, quando afirmam que é errado recusarem obediência a qualquer coisa que seus reis ordenem. Como se Deus houvesse cedido seus próprios direitos aos homens mortais que ele colocou em autoridade sobre a raça humana. Ou como se o poder terreno sofresse diminuição por estar submetido ao poder de Deus, que é seu criador e diante de quem até mesmo os principados celestiais tremem com temor <e súplica>. [1536:] Reconheço plenamente a gravidade e a imediatez dos perigos que ameaçam [aqueles que mostram] a constância que exijo; sei que os reis não estão dispostos a tolerar nenhum desafio e que seu furor é um mensageiro da morte, como diz Salomão (Pr 16,14). Mas Pedro, o mensageiro do céu (em Atos 5,29), proclama este mandamento: "É preciso antes obedecer a Deus que aos homens." Que encontremos consolação, portanto, no pensamento de que estamos prestando a Deus a obediência que ele exige antes quando sofremos toda a sorte de coisas do que quando nos afastamos de nosso dever* para com ele[112]. E, para que nossa coragem não nos venha a faltar, Paulo (1Cor 7,23) acrescenta alguma coisa mais para nos estimular: nossa redenção foi comprada por um preço tão alto para que pudéssemos não nos tornar escravos dos desejos perversos dos homens; ainda menos deveríamos submeter-nos a sua impiedade*.

LOUVADO SEJA DEUS

Adendo: tradução da versão francesa da seção 8

[1536:] E, com efeito, é uma ocupação ociosa para homens privados, que não têm direito (*authoritê*) para ordenar repúblicas [ou

---

[111] V. seção 1.

[112] Consta da versão francesa: nos afastamos de sua Santa Palavra.

os negócios públicos: *ordonner les choses publiques*], debater a questão referente à melhor ordenação de uma estrutura institucional (*estat de police*). Além disso, constitui um ato de temeridade afirmar ter-se uma resposta incondicional para essa questão, visto que ela depende basicamente das circunstâncias. E mais [ainda], se alguém comparasse [formas de] ordens institucionais sem considerar as circunstâncias, não seria fácil decidir qual a mais benéfica, tão idênticas se mostram em seus valores respectivos. [1541:][113] As pessoas distinguem três formas de governo civil: a monarquia, que é o governo (*domination*) por um único indivíduo, tenha ele o título de rei, de duque ou qualquer outro; a aristocracia, que é uma forma de governo (*domination*) na qual governam os principais homens, os homens de prestígio; e a democracia, que é o governo popular, isto é, cada membro do povo tem poder (*puissance*). [1536:] Ora, é certamente verdadeiro que um rei, ou qualquer outro que detenha o poder supremo (*domination*), degenera com facilidade em um tirano. Do mesmo modo, porém, quando os homens de prestígio [na comunidade] têm a supremacia, é-lhes igualmente fácil estabelecer uma tirania perversa (*domination inique*). E, quando o populacho tem autoridade, é ainda mais fácil que esta se torne turbulenta e sediciosa. [1543:] Sem dúvida é verdadeiro que, se forem comparadas as três formas de governo que mencionei, é o governo por aqueles de posição na comunidade[114], desde que preservem a liberdade do povo, que deve ser considerada a melhor [forma], [1560]: não tanto em si e por si mesma, mas porque se trata de um evento raro – de fato, é quase um milagre quando chega a acontecer – que os reis se conservem sob um tal controle que sua vontade jamais se afaste do que é correto e justo. E, além disso, é raro que os reis sejam dotados de uma ponderação e sagacidade de compreensão tais a ponto de [sempre] reconhecerem o que é bom e proveitoso. E, desse modo, é por causa dos vícios ou imperfeições dos seres humanos que a

---

[113] A frase seguinte consta apenas da versão francesa: presumivelmente Calvino considerou-a demasiado elementar para merecer inclusão na versão latina (destinada a um público mais instruído) e realmente assim era: elementar, superficial e totalmente não original.

[114] Creio ser esse o significado da peculiar expressão *la pre-eminence de ceux qui gouvernent.*

mais tolerável e confiável forma de governo consiste em várias pessoas governarem [conjuntamente], cada uma auxiliando as outras e lembrando-lhes seu dever; de tal modo que, se algum deles elevar a si mesmo em demasia, os outros poderão agir como seus censores e senhores [ou professores: *maîtres*]. [1543:] A experiência tem sempre mostrado isto [sendo assim], e de qualquer modo Deus o confirmou por sua autoridade quando ordenou que essa [forma de governo] fosse a forma a que estaria sujeito o povo de Israel, a partir do período em que ele pretendia conservá-lo na melhor condição possível [1559:] até que estabelecesse uma imagem de nosso Senhor Jesus em Davi[115]. [1543:] E, com efeito, uma vez que a melhor forma de governo é aquela que permite uma liberdade bem dosada, e uma forma destinada a durar, admito prontamente que são afortunados (*bien-heureux*) os que têm permissão de gozar de uma tal condição e digo que eles não estão fazendo mais do que seu dever se estiverem constantemente ocupados em preservá-la. E os governadores de um povo livre devem dedicar todos os seus esforços em se assegurar de que a liberdade do povo, da qual são protetores, não sofra diminuição de nenhuma espécie durante seu governo. E também afirmo que, se forem descuidados ou indiferentes quanto a sua preservação, ou se permitirem que ela caia em decadência, serão desleais e traidores. Mas se aqueles que pela vontade de Deus vivem submetidos aos príncipes, e são seus súditos naturais[116], considerarem o que eu disse como aplicável a eles[117], e por

---

[115] Essa frase, que me parece tão desorientadora em francês quanto em latim, talvez devesse ser lida em conjunção ao tema da seção anterior, sobre as Escrituras se propondo a contrariar expressamente os juízos meramente humanos contra a monarquia. Embora Calvino jamais alterasse sua opinião de que, onde quer que a monarquia estivesse estabelecida, era uma forma de governo tão legítima e irremovível quanto qualquer outra, por volta de 1543 também ele havia sustentado atitudes acentuadamente antimonárquicas, ressalvadas apenas por sua disposição a considerar o factual, nos assuntos políticos, como dado providencial, e por sua convicção de que o reino israelita de Davi era um ato da providência divina, e não uma extravagância meramente humana.

[116] Essa expressão, "súditos naturais", consta apenas da versão francesa e deve ter sido especificamente destinada aos discípulos franceses de Calvino, aos quais ele estava sempre tentando impedir que se entregassem à rebelião declarada.

[117] Essa, de qualquer modo, é a minha interpretação das palavras devastadoramente descuidadas de Calvino: "*S'ils transferent cela à eux...*"

esse motivo forem tentados a levar a efeito alguma rebelião ou mudança, esta não seria simplesmente uma especulação estúpida e sem sentido, mas igualmente iníqua e perniciosa. [1541:]

[Neste ponto, o texto francês retoma sua aproximação ao latino.]

ÍNDICE REMISSIVO

Este livro foi composto na fonte ITC Galliard e impresso
pela gráfica ????À DEFINIR????, em papel ????À DEFINIR???? g/m^2, para a
Editora WMF Martins Fontes, em ????????? de 2025.